MA RENCONTRE
AVEC LE CHRIST

NAHED MAHMOUD METWALLI
Traduit de l'arabe
par Fadlallah Boutros

MA RENCONTRE AVEC LE CHRIST

F.-X. de GUIBERT
27, rue l'Abbé-Grégoire, 75006 Paris

S.S. le Pape Paul VI a confirmé, en date du 14 octobre 1966, le décret émanant de la Sacrée Congrégation pour la Propagation de la Foi, sub n° 58/16 (A.A.S.) et permettant la publication des écrits relatifs aux apparitions surnaturelles, même si elle ne porte par le “nihil obstat” de l’Autorité Ecclésiastique.

Titre original du manuscrit arabe :
LIQĀ’I MA‘AL MASSĪH.

Office d’Edition, Impression, Librairie
F.-X. de Guibert, Paris 1994
ISBN 2-86839-363-2

SOMMAIRE

PRÉFACE DU TRADUCTEUR

Une histoire authentique et bouleversante, celle de Nahed: le Dieu qui est Amour et toute-puissance fait irruption dans sa vie comme jadis sur le chemin de Damas. Cette directrice adjointe d'une grosse école secondaire de filles en banlieue du Caire, ignorait tout du christianisme et persécutait les chrétiens. Mais elle cherchait Dieu ou, plutôt, Dieu la cherchait au coeur de l'inquiétude religieuse qui l'avait visitée.

De persécutrice, elle devient une persécutée à cause de sa foi dans le Christ. Son itinéraire spirituel montre l'action admirable de Dieu qui ne cesse d'agir au coeur de l'Histoire dont Il est le Maître. Il est susceptible de raviver la foi de ceux qui ont eu la grâce de naître au sein du christianisme et d'éclairer la route de ceux qui, du dehors, se sentent interpellés par Jésus de Nazareth qui leur demande: «Mais vous, qui dites-vous que je suis?» (Matthieu 16,15)

Le texte arabe de Nahed a été scrupuleusement respecté. Elle y rapporte les faits tels qu'ils se sont déroulés, passant seulement sous silence le nom des personnes ou bien leur substituant des pseudonymes dans le but de les protéger.

Toutes les notes au bas des pages de ce livre sont l'oeuvre du traducteur. Certaines d'entre elles ont été rédigées pour permettre au lecteur français d'avoir une meilleure intelligence du texte.

Le passage de Nahed à la foi chrétienne est l'effet de l'action directe de Dieu qui Se communique à sa créature. D'aucuns seront sceptiques face à cette action privilégiée. Ils mettront en doute la valeur surnaturelle de tel ou tel épisode de cet itinéraire spirituel, se demandant quelle est la part de la grâce et celle des pressentiments purement naturels, voire de l'imagination humaine. Dieu seul peut répondre à cette question, Lui qui, dans sa divine pédagogie, se sert de la psychologie de l'homme pour Se communiquer à lui. Il n'en reste pas moins que la convergence de si nombreuses paroles du Seigneur qui annoncent à Nahed ce qui va se produire dépasse l'ordre naturel, montrant à la fois sa sincérité et l'action du Seigneur.

Enfin, un dernier mot pour que le lecteur se rende compte de tout ce que signifie la publication d'un tel texte autorisée par son auteur, Nahed. C'est un témoignage sincère, bouleversant, fait au péril de sa vie, par amour pour Dieu. Que le lecteur ait l'honnêteté de le prendre comme tel, dans la prière et l'adoration, s'il est croyant et, s'il ne l'est pas, dans le sens d'une quête de la vérité. Que personne n'ait l'inconscience de l'exploiter à des fins partisanes. Le courage a droit au respect.

AVANT-PROPOS

Au nom du Père et du Fils et du Saint-Esprit,
un seul Dieu. Amen.

Gloire à Dieu qui a fait, d'une persécutrice, une évangélisatrice qui annonce maintenant la foi que jadis elle refusait.

Gloire au Père, le Père de notre Seigneur, notre Dieu et notre Sauveur Jésus le Messie, qui nous réconforte dans toute épreuve et qui tire de ma misère un réconfort pour vous, non à cause de ma justice, mais par la grâce de Dieu qui m'a été donnée pour vous.

Glorifiez Dieu toujours et faites mémoire de moi. Souvenez-vous de l'action puissante et admirable de Dieu en moi, et sachez que je n'ai pas reçu la foi d'un être humain, mais de notre Seigneur Jésus Christ à qui appartient la gloire qui demeure maintenant et pour l'éternité. Amen.

J'écris ce récit devant Dieu, et Dieu m'est témoin que je ne mens pas mais que je présente un témoignage vrai: je présente l'action admirable de notre Dieu en moi.

Ma langue était insolente et fougueuse pour outrager ton Nom, mais Tu as dompté sa fougue.

A partir de maintenant, je me consacre à Toi, Te confessant. Que ta volonté, non la mienne, soit faite.

Mon Dieu, je suis à Toi et cela me suffit. Je ne désire rien d'autre.

Ne me permets pas, ô mon Seigneur bien-aimé, de m'adonner à une oeuvre qui ne s'accorde pas avec ta volonté.

Mais que m'oriente ton amour qui habite la profondeur de mon être.

> «Je ne Te connaissais que par ouï-dire,
> mais maintenant mes yeux T'ont vu.»[1]

---

[1] Job 42,5.

I

CE QUE J'ÉTAIS

J'étais Nahed Mahmoud Metwalli, directrice des affaires étudiantes à l'école secondaire pour filles de Helmiet El Zaytoun[1], l'une des plus grandes écoles du Caire. Une école d'environ quatre mille élèves, ce qui avait obligé la direction à dispenser l'enseignement en deux cours: celui du jour et celui du soir. Comme directrice des affaires étudiantes, j'étais responsable des deux groupes, bien que je fusse la plus jeune des directrices, et de promotion plus récente. J'avais atteint cette position pour deux raisons:

La première: Dieu m'a dotée d'une personnalité remarquable, une personnalité forte. Il m'a aussi donné l'intelligence. J'avais confiance en moi-même et en ma capacité d'accomplir parfaitement toute tâche à laquelle je m'adonnais. J'apprenais avec une grande rapidité, sans l'aide de personne, rien qu'en observant tranquillement les autres, sans en avoir l'air.

---

[1] Banlieue nord-ouest du Caire.

J'ai été promue à mon poste dix ans plus tôt que mon tour. Je m'étais initiée à la responsabilité des affaires étudiantes au contact d'une directrice plus âgée qui m'avait précédée. Je l'avais d'abord aidée dans des travaux faciles jusqu'à la dépasser dans la maîtrise de la tâche. J'avais aussi appris d'une autre directrice, plus âgée que moi, les travaux concernant les examens et l'impression des questionnaires. Je l'observais minutieusement pendant qu'elle était occupée à cette tâche et aux autres démarches secrètes [reliées à l'opération examens] et je la dépassais en minutie.

L'occasion de démontrer mes capacités me fut offerte quand l'une des deux directrices, celle qui était responsable des examens, atteignit l'âge de soixante ans, tandis que les services de l'autre, la responsable des affaires étudiantes, étaient prêtés à un pays arabe. J'assumai alors la tâche des deux. Toutes les tâches secrètes et importantes furent dès lors dans mes mains. Je me sentais comme une reine dans l'école; tout dépendait de moi; personne ne pouvait tenir devant moi, ni me refuser une demande. Je devins l'ultime autorité dans l'école: la directrice était devenue mon amie et ne pouvait plus prendre de décision sans me consulter. Chacun devait tenir compte de moi. Je sentais que Dieu augmentait ma force, mon intelligence et mon ascendant. Tout le monde me craignait et cherchait mon approbation, ce qui me rendait plus hautaine et me faisait considérer les autres comme bien inférieurs à moi.

Je ne m'arrêtais pas là: je demandais à être la seule à superviser les «groupes de renforcement des élèves»[2]. Je percevais moi-même les contributions des élèves. Je collectais une somme mensuelle variant entre 12,000 et 15,000 livres [égyptiennes], ce qui me valait un bonus mensuel variant entre 250 et 300 livres qui s'ajoutait à 300 livres qui me revenaient des travaux de l'imprimerie et des examens.

Et la deuxième raison pour laquelle j'avais atteint cette position, c'était ma famille et les postes de premier plan que ses membres occupaient. Le mari de ma soeur aînée était premier sous-secrétaire d'État et vice-ministre du gouvernement local. Il avait été président du comité des pères[3] de l'école pendant les six ans où ses deux filles étaient élèves. Mon frère était directeur du département de la classification à l'organisme central de l'organisation de la fonction publique et de l'administration. Le mari de ma soeur cadette était «major pilote» à la présidence de la République. J'avais une soeur directrice des relations publiques à la direction de l'Enseignement d'Héliopolis, et son mari, général de brigade au Service de renseignements[4].

---

[2] Groupes d'élèves qui reçoivent une aide pédagogique en dehors des cours.

[3] C'est le comité des parents, mais il est ainsi appelé parce qu'il était ouvert, en priorité, aux hommes.

[4] Le Deuxième Bureau égyptien.

Tout cela avait augmenté ma suffisance et mon orgueil; tout cela s'ajoutait à mon savoir-faire au niveau du discours: j'étais en mesure de parler des heures durant sans lasser mes auditeurs. S'ajoutait à ma forte personnalité, ma force d'argumenter et de persuader. Et je m'élevais de plus en plus.

Telle était mon apparence extérieure, mais nul ne connaissait l'intérieur qui était bien différent. Intérieurement, j'étais une personne tendre et sensible qui aimait Dieu. Oui, je T'aime, Seigneur, de tout mon coeur, et je Te crains. Et je sens que je suis loin de Toi. Je cherchais Dieu constamment et je sentais une séparation entre Lui et moi. Je ne savais comment passer à travers cette séparation. Je priais beaucoup, je lisais beaucoup le Coran et cependant, plus je lisais, plus la distance augmentait entre Dieu et moi. Et malgré mon grand amour, je sentais qu'il y avait faute quelque part. Je détestais les chrétiens juste parce qu'ils n'aimaient pas le Dieu que j'aimais et ne L'adoraient pas à ma manière. Ils s'étaient égarés et c'est pourquoi je devais les détester.

J'excellais à les outrager, à leur nuire, à leur tendre des pièges. Non parce que j'étais mauvaise, mais parce qu'ils n'aimaient pas Allah que j'aimais et que j'adorais. Mais une chose me déconcertait: quelle est [chez les chrétiens] cette paix qui me manque, et que je cherche partout? Je suis plus riche qu'eux, je porte les plus beaux habits et rien ne me manque. Mais il y a quelque chose de plus fort en eux. Je reconnaissais le chrétien à son regard, un regard profond, ferme, tranquille... Pourquoi? Il me revenait d'essayer de les révolter pour leur faire perdre cette paix qui me déconcertait et que je cherchais en vain.

Or, un jour, un prêtre se présenta à mon bureau, et quand il en franchit le seuil avec ses habits noirs, je sentis un frisson... Mais je me ressaisis et dis en moi-même: il est tombé entre mes mains. Je le négligeai totalement, le laissant entrer et marcher jusqu'à mon bureau. Il était debout à me regarder tandis que je faisais semblant de lire des documents importants. Après un moment, il m'adressa la parole d'une voix calme: «Vous êtes madame Nahed Metwalli?» Je relevai la tête et le regardai, mais dès que nos regards se croisèrent, je sentis que j'avais peur de lui. Il était, plus que moi, ferme et serein. Je me ressaisis et lui dis d'un air moqueur: «Oui.» Il tendit vers moi sa main qui tenait des papiers de transfert et dit calmement: «Je veux transférer ma fille[5] d'une école de Haute-Égypte à votre école.» J'élevai la voix, l'interrompant: «De Haute-Égypte à Helmiet El Zaytoun d'un seul coup... pourquoi?» Il me dit poliment: «Des circonstances indépendantes de ma volonté» et ajouta rapidement: «Voici une facture d'électricité qui prouve que mon domicile est dans la

[5] Dans les Églises orientales, ce sont des hommes mariés qui sont, le plus souvent, ordonnés prêtres.

zone d'habitation desservie par votre école, et voici les papiers, tous approuvés, du transfert de ses frères aux cours préparatoire et primaire.»

Je pris les papiers pour les examiner dans l'espoir d'y trouver quelque irrégularité qui justifiât mon refus, mais en vain. Je relevai la tête et le regardai: je trouvai qu'il me regardait d'une manière étonnante, toute de paix, de tranquillité, de fermeté, et en même temps de douceur et de politesse. J'essayai de le provoquer, de le mettre hors de lui et je lui dis: «Nous voulons un don pour l'école.» Il répondit: «D'accord.» Je lui dis alors: «Pas moins de 100 livres.» Il répondit aimablement: «D'accord.» Puis il ajouta calmement: «Mais je vous prie de signer d'abord l'approbation car je dois confier maintenant ces papiers à un voyageur qui part dans une heure pour la Haute-Égypte et j'irai immédiatement acheter ce que vous désirez.» Bien que le transfert fût de son droit et que je m'attendais à ce qu'il se révoltât ou refusât de faire un don, je le trouvai en train de me supplier. Je me mis en colère et lui dis d'un ton violent: «Non! Ce que je veux, moi, d'abord.» Il me répondit calmement: «Ayez confiance en moi et croyez-moi.»

Je ne pus supporter son regard et je me trouvai en train de signer l'approbation et de l'inviter à s'asseoir. Je pris les papiers et me rendis dans la pièce attenante à mon bureau et qui était le bureau du personnel, afin d'apposer moi-même le sceau, ce que je ne faisais jamais. Je sentais qu'il avait remué en moi un sentiment étrange. Je l'admirais et voulais lui présenter des excuses, je voulais lui dire que je ne désirais pas qu'il offrît un don, je voulais lui demander de me pardonner pour la manière dont je l'avais traité, mais je fus incapable de prononcer un seul mot.

Elle était forte la gifle quand il revint moins d'une heure plus tard, en main la facture acquittée d'un bureau acheté au prix de 120 livres. Il me dit, heureux: «Vous pouvez envoyer l'un des ouvriers de l'école pour retirer le bureau.» Ce fut la première fois de ma vie que je ressentis du remords. Il me remercia, me serra la main et s'en fut, ignorant ce qui se passait en moi. Je me sentais très mal et une seule question me trottait dans la tête: Qu'est-ce qui habite le coeur de cet homme? Et comment peut-il se comporter avec autant de finesse? Il y a en lui ce qui me fait défaut et que je cherche: la paix.

J'essayai d'oublier tout ce qui s'était passé mais, de temps à autre, je me rappelais son regard, ses yeux pleins de profondeur et de paix. Je finis par oublier cette affaire et revins, une fois de plus, à mon style habituel de comportement, avec encore plus de rigueur.

En l'année scolaire 1986-1987, un décret ministériel nomma dans mon école une directrice générale chrétienne. Ce fut un choc pour moi: comment pouvais-je avoir une supérieure chrétienne? Je ne pouvais endurer cette situation. Je me mis à préparer une stratégie bien tramée pour la forcer à quitter l'école. Il me fallait intensifier les efforts contre elle pour la pousser à s'enfuir de l'école. Je commençai par l'ignorer comme si elle n'existait pas. Je lui fis sentir qu'elle n'était rien par rapport à moi, et qu'elle ignorait les règlements que je connaissais, moi, par coeur; et chaque fois qu'elle émettait une opinion sur n'importe quel sujet, je formulais une opinion contraire pour la décevoir. J'étais à l'affût de ses erreurs, et mettais à profit la moindre occasion pour lui faire sentir qu'elle n'était pas en situation de respectabilité par rapport à moi.

Vint l'occasion en or pour la faire trébucher. Une enseignante musulmane m'apprit que dans l'une des classes de secondaire II, section sciences, il y avait un grand nombre d'élèves chrétiennes et qu'elles avaient rédigé un journal mural dans lequel il y avait quelques versets de l'Évangile. Je me dirigeai immédiatement vers cette classe et j'arrachai le journal. C'était l'occasion que j'attendais depuis longtemps. Je m'assis pour rédiger une lettre secrète et importante adressée au directeur général de la direction [de l'Enseignement] de l'Est du Caire, accusant cette femme d'avoir incité les élèves à faire cette action épouvantable, et ce, dans le but de créer des troubles confessionnels dans l'école. Je réclamais une enquête rapide et la prise de décision qui s'imposait. Je n'eus pas la patience d'attendre au lendemain pour envoyer par la poste cette lettre secrète et importante, mais la confiai à un délégué spécial pour la remettre en main propre.

Le lendemain, je me rendis très tôt à l'école pour me rendre compte par moi-même de ce qui allait se passer. Le directeur général de la direction [de l'Enseignement] envoya une musulmane voilée chargée d'enquêter dans cette affaire. L'enquête commença avec les quatre élèves qui avaient fait le journal mural; chaque élève était rencontrée individuellement. Je vis l'effroi qui les avait envahies. Chacune restait une heure ou plus chez l'enquêteuse et sortait de chez elle effondrée, tout en larmes.

L'enquête auprès des élèves terminée, vint le tour de l'enseignante en enseignement religieux chrétien et qui était en même temps l'une des responsables de l'enseignement des sciences. Elle demeura plus longtemps avec l'enquêteuse, puis je la vis sortir les yeux rouges sang tant elle avait pleuré. Quant à la titulaire de la classe qui était chrétienne et qui enseignait l'éducation physique, personne douce et polie, elle me regarda les yeux pleins de larmes, allant presque jusqu'à me supplier et elle me dit: «Suis-je une folle, abla[6] Nahed, pour pousser les élèves à faire une telle chose?» Mais je ne pus lui répondre.

Puis vint le tour de la directrice générale et j'entendis sa voix tandis qu'elle criait en disant: «Non... c'est impossible, je refuse cette accusation, je refuse de répondre, je refuse de subir une enquête, je m'en vais chez le ministre.» Et elle sortit de l'école en courant.

---

[6] Mot d'origine turque qui signifie "grande soeur".

Je ne puis décrire le climat de terreur qui domina les chrétiens de l'école et fit croître mon orgueil. Je me mis à écraser tout le monde sans que personne ne m'arrête. J'émis un ordre interdisant aux élèves chrétiennes de porter une croix. Ma dureté à l'égard des chrétiens s'accrut au point que je ne répondais à aucune demande venant de l'un d'entre eux, même s'il s'agissait de son droit. Et tout le monde me craignait de plus en plus et m'évitait.

Je ne m'arrêtai pas là... Il me fallait donner à la directrice chrétienne un coup fatal. Je cherchai l'occasion de me trouver seule avec elle. Je me mis à l'épier pour savoir à quel moment elle arrivait à l'école et à quel moment elle en partait. Je remarquai qu'elle arrivait tôt et je traçai en fonction de cela une stratégie organisée de manière à me trouver seule avec elle avant l'arrivée des autres.

Le lendemain matin, je me rendis à l'école très tôt. Quelques instants plus tard, elle arriva et entra dans son bureau qui était contigu au mien. J'entrai alors dans son bureau, mon visage reflétant clairement la méchanceté. Quand elle me regarda, la crainte s'empara d'elle, ce qui accrut mon audace et je lui dis avec colère: «Que faites-vous ici? Moi je ne supporte pas votre présence avec moi dans cette école, et je ne veux pas que vous y demeuriez, allons, sortez!» Elle n'en crut pas ses oreilles, elle me regarda avec stupéfaction et dit: «Que dites-vous? Êtes-vous devenue folle, Nahed?» Je lui répondis:

«Moi je suis devenue folle! C'est vous la folle et aucun endroit ne nous réunira, allons, sortez!» Je remarquai qu'elle tentait de s'enfuir de devant moi; je tendis alors la main comme si j'allais la frapper et lui dis: «Si vous restez ici, je vous tuerai!» Et voici qu'elle s'éloigna de moi en courant et pleurant, criant au secours. Je courus alors à mon bureau et m'assis comme si de rien n'était. Je l'entendis crier: «Au secours! Nahed veut me frapper et me tuer.»

Quelques enseignants [qui venaient d'arriver] s'attroupèrent et me trouvèrent assise à mon bureau, calme et souriante. Je la regardai avec pitié et je dis: «Que dites-vous là? Personne ne vous croira... Pourquoi m'accusez-vous de cette bêtise?» Mais elle quitta précipitemment l'école pour le bureau du sous-secrétaire d'État et, le même jour, celui-ci envoya un enquêteur pour m'interroger.

L'enquêteur était musulman et, lorsque je niai tout ce dont elle m'accusait, il me crut sur le champ, d'autant plus qu'un grand nombre de volontaires témoignèrent qu'ils étaient assis avec moi dans mon bureau à ce moment-là. Ils témoignèrent que cette femme me détestait et qu'elle avait arrangé cette histoire pour se débarrasser de moi et me remplacer par une chrétienne. L'affaire devint un cas de fanatisme religieux et tourna à mon avantage.

La directrice ne put demeurer plus longtemps dans l'école, elle demanda d'être transférée au ministère [de l'Éducation]. Et, de fait, son transfert fut décrété. Elle quitta définitivement l'école.

Après cette victoire, je sentis croître mon orgueil et je devins plus dure à l'égard des chrétiens; ils me craignirent tous davantage et je devins réellement une reine, toujours plus dominatrice. Nulle demande ne m'était refusée, toutes mes paroles étaient exécutées et rien ne se produisait à l'école sans mon approbation, même s'il ne relevait pas de ma compétence. Personne n'avait l'audace de s'opposer à moi ni de discuter avec moi. Et si, par hasard, je rencontrais une élève qui portait une croix à son cou, j'avais l'impudeur de l'arracher et de la jeter par terre.

Telle était Nahed Mahmoud Metwalli.

II

MA RENCONTRE AVEC LE SEIGNEUR DE LA GLOIRE

J'ignorais que Dieu m'avait laissé m'élever parce qu'Il se proposait de m'appeler à quitter tout cela. J'ignorais que Dieu me faisait acquérir toutes ces aptitudes, et cette intelligence et cette force, parce qu'Il se proposait de me faire servir à une autre tâche. Qu'Il m'avait dotée d'une forte personnalité, d'un parler agréable et de la force de la persuasion, parce qu'Il voulait se servir de tout cela pour une autre fin.

Je circulais dans l'école comme si je défiais tout le monde, personne n'osant me tenir tête. L'école était devenue mon royaume, j'y avais été couronnée reine sans opposition. Mais en dépit de tout cela, j'étais triste, et j'éprouvais en moi un vide. J'aime Allah de tout mon coeur, mais je suis loin de Lui. Entre Allah et moi, il y a une cloison. Peut-être cet obstacle était-il constitué par la multitude de mes péchés? Et je me suis, un jour, posé cette question: Si je meurs maintenant, avec quoi rencontrerai-je Dieu? Rien qu'avec des fautes? Non... Il faut que je travaille en vue de ma fin. Je suis riche, il faut que je parte en Arabie Saoudite pour faire le pèlerinage.

De fait, les démarches nécessaires au voyage se firent avec une étonnante rapidité. J'achetai les habits du pèlerinage, pris l'avion et arrivai à l'aéroport de Djeddah à 1 heure du matin. Puis, je pris une voiture pour La Mecque, incapable, malgré la fatigue du voyage, de patienter jusqu'au lendemain. Je me dirigeai vers la Ka'ba, toute remplie du désir d'être proche de Dieu et de traverser cette cloison qui me tenait loin de Lui. Je priai, debout, invoquant Dieu, mon Seigneur, et Lui disant: je T'aime, mais je suis loin de Toi, rapproche-moi de Toi, fais-moi sentir ta présence, touche-moi; peut-être Satan s'efforce-t-il de m'empêcher de la sentir. Et je me mis à tourner autour de la Ka'ba dans l'espoir de sentir quelque chose, mais en vain.

Je retournai dans mon pays, après dix jours, plus brisée qu'auparavant. Je compris que quelque chose en moi était faux. Je ne devais pas m'arrêter là. Il me fallait d'abord plaire à Dieu et Le chercher, et chercher la voie qui me mènerait à Lui.

Je me suis toujours demandé s'il était raisonnable de penser que Dieu nous a créés pour être ses serviteurs et nous juger ensuite de cette[1] manière redoutable? Non! C'est une erreur. Il faut qu'un jour j'en aie le

---

[1] L'auteur ne précise pas davantage.

coeur net. Est-il raisonnable de penser que Dieu soit si sévère? Non... cela n'est pas raisonnable! Dieu a créé pour nous ce monde pour que nous en jouissions et Il nous a donné la domination sur tout ce qu'il contient. Cela signifie qu'Il nous aime... Mais je demeurais perplexe, cherchant sans trouver.

Le vide, en moi, me faisait souffrir, et plus encore, mon éloignement par rapport à Dieu. J'essayai de tout oublier et de jouir de la vie et de tout ce que Dieu m'avait donné. Mais en vain et malgré le fait que je possède tout: une situation sociale de premier plan, plus célèbre qu'un feu au sommet d'une montagne au ministère de l'Éducation et de l'Enseignement et dans tous les services pédagogiques; mon salaire est très élevé: je suis détentrice d'un baccalauréat en éducation physique, promotion de 1963 et je travaille depuis cette date; mes nombreuses années de service m'ont permis d'accéder à la classe I; de plus, j'ai des revenus importants provenant de la supervision des «groupes de renforcement des élèves» et des travaux d'impression; j'ai trois enfants brillants dans leurs études et réussissant dans la vie, un logement privé, bien que je n'y aie pas habité depuis que je l'ai loué; j'ai ma voiture privée et je suis divorcée depuis 1983[2].

---

[2] On comprendra plus loin pourquoi Nahed range ce divorce dans la liste des avantages dont elle jouissait.

Ma fille m'a demandé un jour: «Maman, puis-je épouser un jeune homme chrétien?» Je fus hors de moi et lui criai en pleine face: «Non, bien sûr, c'est impossible, et si tu te permets rien que d'y penser, je te tuerai moi-même.» Elle ajouta: «C'est un ingénieur d'une grande famille et toute sa famille a émigré aux États-Unis... Je partirai avec lui et nous nous marierons là-bas, et personne en Égypte ne le saura, toi exceptée.» Je criai de nouveau: «Es-tu folle? Comment peux-tu être musulmane et épouser un chrétien! C'est interdit.» Et je lui fis promettre de ne rien faire à mon insu.

Dieu m'a gratifiée, ainsi que ma fille, d'un grand don. Dans toute situation, face à tout problème, j'interrogeais Dieu et Il me répondait dans une vision. A tel point que je connaissais les résultats des examens de mes enfants avant qu'ils paraissent. Je demandai à ma fille de poser à Dieu la question de savoir s'il lui était possible d'épouser ce jeune homme, et de m'informer en vérité de la réponse de Dieu.

Le lendemain matin, ma fille m'a raconté ce qu'elle avait vu: «Je me suis vue marchant dans une rue large, au bord de grandes eaux. Au bout de la rue, je me suis trouvée au croisement de deux chemins, ne sachant lequel emprunter. Je trouvai alors trois jeunes filles voilées qui m'invitèrent à aller avec elles, mais je sentis que je n'aurais pas la paix en les suivant. Puis je découvris une belle enfant portant une robe verte marquée de beaucoup de croix blanches. Elle me prit par la main et je marchai avec elle, heureuse.» Quand elle termina son récit, je ne comprenais pas ce que signifiait cette vision. Je lui dis alors avec véhémence: «Tu divagues parce que tu t'es éprise de ce jeune homme et tu désires l'épouser, mais je n'y consens pas; ne m'oblige pas à utiliser un autre comportement avec toi.» Et je lui ordonnai de ne plus rencontrer ce jeune homme, ni même de penser à lui, ce qu'elle me promit. L'affaire en resta là et nous oubliâmes le sujet.

Un différend surgit entre moi et la secrétaire musulmane de l'école et je demandai son transfert et son remplacement par une autre secrétaire honnête. Le directeur administratif et financier vint me voir et me promit son transfert et son remplacement par une secrétaire honnête, énergique, bien éduquée, mais... chrétienne. Au début, je n'acceptais pas de secrétaire chrétienne, parce que je devais coopérer avec elle dans l'exercice de mes fonctions. Mais je changeai d'avis parce qu'il me convainquit que l'honnêteté était la plus importante des qualités d'une secrétaire et que cette qualité était assurée. Selon ses dires, il avait confiance en elle plus qu'en lui-même.

«Samia», la nouvelle secrétaire, vint et elle entra dans le bureau de la directrice. J'y étais assise, bien entendu, pour voir qui elle était. Je fus très étonnée de la voir négliger tous ceux qui étaient là et me saluer avec beaucoup de douceur. Elle me vit lui adresser un sourire de désaveu mais elle n'en tint pas compte. Je remarquai qu'elle portait à son cou une grande croix en cuir. Je me dis alors qu'elle était nouvelle à l'école et ignorait qui j'étais et ce que je voulais; sans nul doute quelqu'un l'en informera et elle se pliera immanquablement à mes ordres.

Le jour suivant, je la fis venir à mon bureau et l'invitai à s'asseoir. Je me mis à la regarder attentivement, très surprise de la trouver tout à fait différente des autres, forte, courageuse et, en même temps, d'une parfaite éducation, pleine de confiance en elle-même, n'ayant cure des regards que je posais sur elle. Il y avait en elle ce qui me manquait et que je cherchais. Et pour la première fois, je me sentis petite, oui je suis plus petite qu'elle, bien qu'elle ait trente ans et moi quarante-cinq... Je commençai à échanger avec elle au sujet de notre collaboration, et, ô merveille, elle voulait me reposer en prenant sur elle le plus lourd fardeau. Elle me fit sentir qu'elle m'aimait. Mais pourquoi m'aimerait-elle? J'étais certaine que tous les chrétiens de l'école se méfiaient de moi.

Je l'admirais en mon for intérieur et commençais à me sentir attirée par elle. Sa manière de parler était différente de celle des autres. Sa voix était douce, son comportement, châtié. Elle avait un regard profond et ferme. Elle était toute tranquillité et paix. Je remarquai qu'elle continuait à porter sa grande croix de cuir, mais je n'osai lui en dire un mot. Et bien que je fusse reine, je sentais qu'elle était meilleure que moi.

J'ai aimé Samia. Une amitié naquit entre nous. Je désirais converser avec elle pour savoir ce qu'il y avait en elle. J'inventais des prétextes pour la convoquer à mon bureau. Cela se passait en septembre 1987. Je parlais des heures durant avec elle sans me lasser mais en en désirant davantage.

Un jour je lui dis: «Samia, croyez-vous en Dieu?» Elle me répondit avec assurance: «La Ilâha illAllah»[3]. Je n'en crus pas mes oreilles. Ce fut un choc violent, et je lui dis avec stupeur: «Le christianisme dit: un seul Dieu?» Elle répondit en toute assurance: «Oui, un seul Dieu. Amen.» Je lui dis alors: «Ce que je sais, c'est que vous dites que Dieu c'est le Christ et la Vierge Marie.» Elle dit avec force: «Non! cela c'est de l'"association" (chirk[4]) et nous ne sommes pas des "associateurs", nous adorons un seul Dieu.» Et elle ajouta avec calme: «La Vierge Marie, la mère du Messie, est une personne humaine et non un dieu.» ...Je sentis comme une grande pyramide qui s'effondrait. Le christianisme dit «un seul Dieu»! Ceci est différent de ce que je pensais; dans mon ignorance, j'ai été injuste à l'égard des chrétiens... Je suis tout entière désir d'en savoir plus, bien que je sois brisée et que je ressente la honte. Et je me rappelai tout ce que j'avais fait aux chrétiens. Qu'il est horrible, mon crime!

---

[3] Littéralement: «Pas de dieu sauf Dieu», première partie de la profession de foi musulmane, commune à tous les monothéistes, mais exprimée à la manière musulmane.

[4] Les polythéistes "associent" de faux dieux au Dieu unique. Ils sont appelés des "associateurs" ("mouchrikîn").

Je ne m'arrêtais pas là, je voulais en savoir plus et lui dis: «Parlez-moi du christianisme.» Quand Samia commença à parler, quand elle ouvrit la bouche, je fus surprise par un parfum suave d'encens. C'était étrange, je n'avais jamais senti auparavant une pareille odeur. J'avais comme perdu connaissance, ne sachant si c'était un rêve ou une réalité! Je m'efforçai de me ressaisir et je l'écoutai très attentivement tandis qu'elle disait: «La Sainte Vierge Marie était orpheline de père et de mère et elle reçut une éducation religieuse au Temple jusqu'à l'âge de douze ans[5]. Elle fut alors fiancée à l'un des Anciens pour qu'il la prît en charge. Et avant qu'il l'eût épousée, elle conçut le Messie.» Je l'interrompis: «Oui, ces paroles sont vraies. C'est écrit aussi dans le Coran.»

Je n'eus pas la force de poursuivre ce dialogue. Je me sentais fatiguée, faible, effondrée. Je mis fin à la conversation. Elle me quitta et sortit sans savoir ce qui se passait en moi. Elle avait allumé en moi un feu que je ne pouvais maîtriser et je commençais à me poser la question: «Qui est le Christ?» Le simple fait d'évoquer son souvenir remue en moi des sentiments étranges que je n'éprouvais pas auparavant. Son nom respire le repos. Je l'aime et je n'en sais pas assez à son sujet. Il faut que je le connaisse bien. Et je commençais à être dévorée par mon désir de lui.

Mon amour pour Samia augmenta au point que j'attendais le lever du jour pour aller à l'école et la

---

[5] Cette croyance populaire ne fait pas partie de la foi chrétienne.

rencontrer. Quant à elle, elle me fit sentir qu'elle m'aimait depuis le premier instant, et elle me confirma son amour par son comportement à mon égard, malgré la mise en garde que lui avaient servie tous les chrétiens de l'école. Elle était portée vers moi avec une force étonnante.

De temps à autre, de mauvaises pensées me venaient: je mettais Samia à l'épreuve pour m'assurer de sa sincérité. Je lui donnais, par exemple, une somme de mille livres en y ajoutant un billet de dix livres, tout en l'assurant que je l'avais bien comptée. Mais elle revenait après quelques instants avec les dix livres, me disant: «Ce billet est de trop.» Je répétais l'épreuve, mais, chaque fois, elle s'avérait sincère et honnête. Je recourus à un autre moyen en essayant de la révolter par ma manière de parler, ou en me moquant de ce qu'elle disait. Mais elle était toujours forte, ne perdant jamais sa paix ni son calme, toujours souriante, semblant savoir à l'avance ce que je lui préparais.

Les jours passaient, incapable de m'occuper d'un autre sujet, ou même d'arrêter de penser à ce sujet. Et je demandais, de temps à autre, à Samia de me parler du Christ et de ses enseignements; et chaque fois qu'elle ouvrait la bouche, je sentais l'odeur de l'encens. Je fus saisie par le doute: pourquoi cette senteur était-elle liée à la conversation concernant le Christ? Qui sait? Samia cachait peut-être quelque chose dans sa poche ou dans sa main, puis répandait ce parfum pour me convaincre de la vérité de son discours. Je me mis à la surveiller tandis qu'elle parlait. Peut-être cette odeur était-elle forte parce que nous nous trouvions dans un lieu fermé? Je l'entraînai au balcon. Mais je retrouvai le même parfum, peut-être plus fort. Je décidai de parler avec elle dans le jardin de l'école, mais, chose étrange, le parfum était encore plus fort que les autres fois. Je fus convaincue que Samia n'était pas la source du parfum, mais que Dieu voulait ainsi confirmer ce qu'elle disait.

Tous mes critères chancelaient, je me sentais perdue. Où se trouvait la vérité? J'aime Dieu de tout mon coeur, de tout mon être, mais je me sens loin de Lui, et cette distance m'afflige, ce vide en moi me torture. Une cloison s'élève entre Dieu et moi et tout ce que je veux, c'est passer à travers pour atteindre le Bien-Aimé. Je L'aime, mais en même temps je Le crains. Je sais pertinemment qu'un jour viendra où je me tiendrai entre ses mains et Lui rendrai compte de ma vie; et je ne vois dans ma vie que péché. Non... Je dois connaître la vérité quoi qu'il m'en coûte!

Le 25 novembre 1987, Samia tarda à se présenter à mon bureau. J'éprouvais le plus grand besoin de sa présence. J'envoyai la chercher. Quelques instants plus tard, elle entrait dans mon bureau, heureuse, jubilant. Je lui demandai: «Pourquoi êtes-vous si heureuse?» Elle me dit tranquillement: «Aujourd'hui commence le jeûne préparatoire à la glorieuse fête de Noël.» Je lui rétorquai, moqueuse: «Jeûne! Est-ce qu'il y a un jeûne dans le christianisme? Et jeûnez-vous vraiment ou bien mangez-vous et buvez-vous tout en disant: jeûne?» Elle répondit avec conviction: «Oui, nous jeûnons, et c'est un vrai jeûne. Nous nous privons de nourriture pour une longue période, mais chacun selon ses possibilités. Et nous nous privons de beaucoup d'autres choses pour que la période du jeûne soit sainte.»

Je ne trouvai aucun sujet de moquerie après l'avoir entendue et je me mis à la regarder attentivement, en silence, lorsque mon regard tomba sur un petit objet qui scintillait, à côté de la grande croix de cuir [qu'elle portait à son cou]. Je lui demandai: «Qu'est cela?» Elle me répondit: «C'est une médaille de la Sainte Vierge Marie.» Je me dis en moi-même, sans oser m'exprimer tout haut: «Est-ce qu'il y avait, au temps de la Vierge Marie, un photographe ou un dessinateur pour la photographier ou dessiner son portrait et assurer que c'est effectivement son image? Oh! la naïveté des chrétiens! Je jure que cette image n'est que le produit de l'imagination d'un artiste qui l'a dessinée et a dit: c'est la Vierge Marie, et tous les chrétiens l'ont cru!»

Je n'avais pas fini de me faire ce raisonnement lorsque les lumières[6] disparurent et je vis devant moi quelqu'un dont émanait ume lumière plus forte et une intense odeur d'encens. Et voici comme une colonne de

---

[6] Les lumières électriques qui éclairaient, dans la journée, le bureau de Nahed. Celle-ci a précisé, dans une rencontre de témoignage, qu'il était 11 heures du matin.

fumée se terminant par une Dame douce, belle et d'une blancheur éclatante. Ses traits sont fins. Elle est debout devant moi, vêtue d'un habit bleu ciel et, sur la tête, un voile de même couleur. Ses mains sont tendues vers le bas[7] et elle me regarde...[8] Je ne pus soutenir cette vue et lançai un cri étouffé: «La Vierge Marie!» J'étais comme ayant perdu mes sens, ne croyant pas ce que je voyais. Mais je l'ai moi-même vue et elle disparut à l'instant.

Je revins à moi pour trouver une Samia effondrée[9], pleurant tandis que je pleurais aussi. Je découvris que la naïve c'était moi, la vérité était de son côté. Pour la première fois de ma vie je me sentis brisée... Je ne suis rien... Je suis comme la paille agitée par le vent. Que faire? Aide-moi, ô mon Seigneur, à endurer.

Je quittai l'école pour rentrer chez moi. Je regardai mes trois enfants et me demandai: quelle serait leur attitude s'ils apprenaient que je suis devenue chrétienne? Et quelle serait l'attitude de leur père? Il est directeur général au ministère de l'Azhar...[10] Il est vrai que je suis divorcée d'avec lui depuis 1983, mais, eu

---

[7] C'est l'attitude de la Vierge de la médaille miraculeuse.

[8] Nahed a précisé que le regard de la Vierge était un regard de reproche.

[9] Samia a perçu le phénomène lumière et encens, mais n'a pas vu la Vierge.

[10] Au Caire, la plus grande université religieuse du monde musulman.

égard aux intérêts des enfants et pour sauvegarder la respectabilité sociale de la famille, nous avions convenu de vivre séparés sous le même toit.

Je me rappelai ma famille et la situation sociale bien en vue de ses membres: je serai une honte pour tous. Et moi-même? Et la situation sociale à laquelle je suis parvenue en luttant? Détruirai-je tout cela? Je suis en plein désarroi... Et me laisseront-ils à mon affaire? Oh non! Le moins qu'ils feraient, s'ils avaient pitié, serait de m'enfermer dans un hôpital psychiatrique. Et peut-être la colère pousserait l'un d'eux à me tuer sans encourir le châtiment de la loi puisqu'il exécute la sanction de l'apostasie.

Je trouvai la solution... Dieu m'a créée musulmane dans une famille musulmane. Où est ma faute? Je ne penserai plus à ce sujet et ne détruirai pas tout de mes mains. Il faut que j'empêche cette Samia de venir à mon bureau, ou de s'entretenir avec moi d'un sujet autre que le travail. Je me soumis à ce que j'étais, et décidai de prier davantage dans l'espoir que Dieu me guide. Je décidai aussi de lire beaucoup le Coran sans me laisser aucun loisir pour penser.

Le premier jour où je pris le Coran et me mis à le feuilleter, Dieu me guida vers la sourate de Maryam et j'arrivai aux versets suivants:

16 Mentionne, dans le Livre, Marie, quand elle se retira de sa famille en un lieu vers l'Orient.

17 Elle mit entre elle et eux un voile. Nous lui envoyâmes Notre Esprit qui se présenta à elle sous la forme d'un homme parfait.

18 Elle dit: «Je me réfugie contre toi auprès du Tout Miséricordieux. Puisses-tu être pieux.»

19 Il dit: «Je ne suis qu'un messager de ton Seigneur pour te faire don d'un garçon pur.»

20 Elle dit: «Comment aurais-je un garçon, alors qu'aucun homme ne m'a touchée, et que je ne suis pas prostituée?»

21 Il dit: «Ainsi sera-t-il! Cela M'est facile, a dit ton Seigneur! Et nous ferons de lui un signe pour les gens, et une miséricorde de Notre part.» Et ce fut chose accomplie.

22 Elle le conçut, et s'isola avec lui en un lieu lointain.

23 Puis les douleurs de l'enfantement l'amenèrent au tronc du palmier, et elle dit: «Qu'avant cela ne suis-je morte, et ne suis-je totalement oubliée!»

24 Alors il l'appela d'au-dessous d'elle: «Ne t'attriste pas! Ton Seigneur a mis à tes pieds un ruisseau.

25 Secoue vers toi le tronc du palmier: tu feras tomber sur toi des dattes fraîches et mûres.
26 Mange et bois, rends à ton oeil la fraîcheur. Au premier humain que tu verras, dis: "J'ai fait voeu au Tout Miséricordieux de jeûner. Je ne parlerai ce jour à personne."»
27 Elle revint à son peuple, portant l'enfant. Ils dirent: «Ô Marie, tu as commis une chose épouvantable!
28 Ô soeur d'Aaron! ton père n'était pas homme de mal ni ta mère une prostituée!»
29 Elle désigna l'enfant. Ils dirent: «Comment parlerions-nous à qui n'est qu'un enfant au berceau?»
30 Mais [l'enfant] dit: «Je suis serviteur d'Allah. Il m'a donné le Livre et m'a fait Prophète!
31 Il m'a béni où que je sois et m'a recommandé la prière et l'aumône tant que je vivrai
32 et la bonté envers ma mère. Il ne m'a fait ni violent ni malheureux.
33 Que le salut soit sur moi le jour où je naquis, le jour où je mourrai et le jour où je ressusciterai vivant.»

Le feu, en moi, augmentait d'intensité... Il me faut la vérité... Ce qui se passe en moi est trop fort pour que je puisse le taire ou m'y résigner... Non... Et je commençai à me demander pourquoi tout cet honneur pour cette femme si elle était la mère d'un humain ordinaire? Et pourquoi le Messie est-il né de ce miracle qui dépasse la nature s'il n'était qu'un humain ou qu'un prophète? Et pourquoi Dieu lui a-t-Il accordé, à lui seul, ses propres attributs? Il ressuscite les morts... Il guérit les malades... Il ouvre les yeux des aveugles... Il purifie les lépreux. Et c'est aussi de lui que dit Sahih Al-Bokhâri[11]: «L'Heure [du Jugement dernier] n'adviendra pas sans que descende parmi vous le Messie, fils de Marie, en Juge équitable.» (tome 2, page 458.)

Et où est-il maintenant? Il est vivant au Ciel, depuis deux mille ans et jusqu'à l'avènement de l'Heure... Non... Il est autre qu'un simple humain... Il est beaucoup plus puissant... Mais qui est-il? Je ne puis contenir ce qui est en moi. Je veux la vérité. Il s'établit en moi une tension entre ma certitude qu'une cloison s'élevait entre Dieu et moi me faisant cheminer dans une mauvaise voie et, d'autre part, mon étonnante détermination à atteindre la vérité[12].

---

[11] Le livre des hadiths authentiques d'Al-Bokhâri, recueil de paroles attribuées à Mohammad et qui, pour les musulmans, ont une valeur complémentaire par rapport au Coran.

[12] L'auteur parle de tension mais en réalité ces deux facteurs se conjuguent plutôt qu'ils ne s'opposent.

Des journées longues et pesantes passèrent jusqu'à l'achèvement de l'année 1987 et l'avènement de l'année 1988. Les Coptes[13] d'Égypte commencèrent à fêter la Nativité[14]. Et je recommençai à m'interroger: la fête de la Nativité? Fête de la nativité de qui? La nativité du Christ... Qui est le Christ?

Le 7 janvier 1988 arriva et ce fut un jour de congé pour tous les chrétiens. Je revins de l'école triste, craintive. Il faisait très froid. Je couchais dans la chambre de mes filles. Tout le monde s'endormit sauf moi. J'étais inquiète...

Il faut que je sois vraie avec moi-même. Pourquoi ai-je peur? Dieu ne mérite-t-il pas plus que je Le craigne? Et comment puis-je prétendre que j'aime Dieu plus que moi-même alors que je ne veux pas la vérité? Dieu ne peut-Il me protéger et me défendre? Je me tournai vers Lui en toute sincérité et je criai vers Lui comme s'Il était assis en face de moi: Seigneur, Tu sais combien je T'aime et Te crains, et combien je désire ta rencontre sans [le poids de mes] péchés. Je T'en prie, Seigneur, fais-moi connaître la vérité. Comment arriver à Toi?

Puis je me remis à dire: quel est mon tort, ô mon Seigneur? Je suis née dans une famille musulmane, m'en

---

[13] Coptes: le mot vient du grec: "aiguptios", "égyptien", et désigne les chrétiens d'Égypte qui sont les Égyptiens de souche.

[14] Les Coptes (comme les Russes) fêtent Noël le 7 janvier qui correspond, dans le calendrier julien, au 25 décembre du calendrier grégorien.

tiendras-Tu rigueur? J'éprouvais une grande crainte... Non, Seigneur, je T'en prie... Tu m'as donné une grande grâce depuis l'enfance: chaque fois que je T'interrogeais, Tu me répondais dans une vision. Ne me prive pas de ce don inestimable. Je T'en prie, Seigneur, si le christianisme est le chemin vers Toi, il me suffit de voir une croix. Mais si c'est l'islam, montre-moi n'importe quel signe et je Te promets, ô mon Seigneur, d'exécuter tout ce que Tu me demanderas. Personne d'autre que Toi ne m'importe. Je ne craindrai personne... Qu'ils fassent de moi ce qu'ils veulent, l'important, en définitive, c'est Toi. Ma situation sociale ne compte pas, ce qui compte, c'est ma situation auprès de Toi. Mes enfants n'importent pas... Toi, d'abord... Toi, Tu veilleras sur eux. Et s'ils me tuent, ils raccourciront le chemin vers Toi...

Jamais, de toute ma vie, je n'ai été sincère autant qu'en cette nuit. Et jamais je ne me suis sentie plus proche de Dieu. J'étais comme assise devant Lui, parlant avec Lui. Tantôt je pleurais, tantôt j'étais prostrée devant Lui, et tantôt je Lui faisais de vifs reproches. Je demeurai dans cet état jusqu'à 3 heures du matin. Je me sentais fatiguée, épuisée, j'avais le vertige. Je mis le réveille-matin près de moi pour me lever à 6 heures et j'étendis sur le lit mon corps exténué. Je fermai les yeux. J'avais le vertige, mais je ne m'endormis pas.

Et, soudain, je me suis retrouvée portant une robe dont la couleur grise était rehaussée de filaments argentés, une robe longue jusqu'à terre, avec des manches longues et une ceinture large de la même couleur et, sur ma tête, un voile de la même couleur. Je suis très heureuse dans cette jolie robe et je me demande d'où elle me vient. Je ne l'ai jamais vue auparavant, je n'ai, de ma vie, rien vu de pareil, ô merveille!

Je baissai les yeux pour découvrir que j'étais pieds nus! Comment pouvais-je être vêtue avec cette élégance et avoir les pieds nus... Mais je ne m'en fis pas, me disant que la robe couvrait mes pieds. Je regardai le sol et ce fut une surprise: il était d'un vert très pur; je n'avais jamais vu cette couleur admirable. Et quelle finesse au toucher. Je me mis à bouger mes pieds pour savoir: est-ce du gazon velouté... ou du tapis... non, c'est de la soie...

Je relevai la tête pour découvrir ce que la langue est impuissante à décrire. Il ressemble aux châteaux qui n'existent que dans l'imagination... Non, il dépasse l'imagination, il est hors de sa portée... Une place immense avec des colonnes dont l'oeil ne peut atteindre l'extrémité, recouvertes de soierie brillante qui scintillait d'une manière étrange. Et une senteur d'encens que je reconnaissais: elle ressemblait à celle qui se manifestait avec Samia, mais elle était plus suave. Et voici, une brise fraîche et vivifiante qui caresse mon corps et me fait éprouver une paix merveilleuse. Des oiseaux voltigent au-dessus de ma tête, je ne les vois pas mais je les sens. Calme, bonheur, repos parcourent mon corps avec cette brise.

Je me mis à marcher pour explorer l'endroit. Et je me trouvai en face d'un siège élevé et imposant mais vide, avec, en arrière-plan, comme une coupole d'église. Je marchai et marchai encore, jouissant de tout ce qui était en ce lieu, lorsque je vis des hommes âgés[15], debout en arc de cercle, formant une sorte de garde d'honneur. Ils portaient des vêtements d'une éclatante blancheur. Sur leur tête, une coiffure blanche avec des objets scintillants. Leur barbe, d'un blanc éclatant, tombait sur leur poitrine. Ils parlaient en chuchotant; j'essayai de me rapprocher d'eux dans l'espoir de comprendre ce qu'ils disaient mais je ne pus comprendre. Je les quittai alors et m'en allai jouir de ce que je voyais. Mon regard était incapable d'embrasser le lieu, ni d'en atteindre l'extrémité...

Quelqu'un, brusquement, entra. Je ne savais par où il était entré, ni comment. Je vis ces hommes se prosterner devant lui. Il se dirigea vers le siège élevé et imposant. Il ne progressait pas en faisant des pas sur le sol... Non, il s'avançait comme porté sur des nuées ou comme un fantôme. Il parvint au siège et s'y assit. Ô merveille, je marchais derrière lui sans réfléchir ni le vouloir: je le suivais. Je me prosternai à ses pieds, envahie par d'étranges sentiments, un mélange de joie et de crainte... Bonheur, tranquillité, paix merveilleuse, avec un frisson qui parcourait mon corps comme un courant électrique. Je ne pouvais maîtriser mon corps qui tremblait.

---

[15] Cette vision rappelle celle du livre de l'Apocalypse, au chapitre 4. Mais Nahed n'avait aucune connaissance de la Bible.

Je me demandais ce que pouvaient être ces sentiments étranges. Et qui était celui devant qui je me prosternais, ainsi que tous ces hommes. Il faut que je lève la tête et que je le regarde pour voir qui il est. Je rassemblai mes forces et le regardai. Ô mon Dieu! que vois-je? Ma langue est inapte à le décrire: je ne peux trouver les mots qui conviennent. Ce visage lumineux, cette peau translucide, cette beauté... Il semble fatigué, épuisé, triste... Il porte un habit de couleur claire et, sur son épaule gauche, une écharpe cramoisie de couleur sombre. Ses cheveux blonds qui lui tombent sur les épaules ressemblent à une pièce de velours!

Et qu'est toute cette tristesse? Il ferme les yeux, appuie ses mains sur les genoux, sa tête penchée en avant. L'oeil ne se lasse pas de le regarder... On dirait que quelque chose lui manque et il n'y consent pas mais, au contraire, il en est attristé. Une fois de plus, je me posai la question: qui est ce Puissant? Est-il un roi? Non, je ne vois pas de roi ayant cette beauté. Et qui est capable de fâcher ce Puissant? Je me mis à regarder attentivement son beau visage rayonnant qui communique le repos, son cou pareil à une colonne de pur cristal, sa peau d'une blancheur éclatante... Plus je le regardais, plus je m'attachais à lui; et mon désir de le connaître augmentait de plus en plus, mon désir de connaître son identité.

Brusquement, il ouvrit les yeux et me regarda. Je ne pus supporter son regard et tombai sur ma face... Ô mon Dieu! Qui vois-je? Quels yeux! Je sens que je vais mourir ou perdre connaissance... De ses yeux larges émanent des rayons aussi lumineux que ceux du soleil et les prunelles de ses yeux sont grandes, on dirait qu'elles contiennent tout le globe terrestre; leur couleur est merveilleuse, d'un bleu clair tel le ciel clair ou l'eau pure, donnant sur le vert. Et ces rayons qui, de ses yeux, tombent sur moi: ils parcourent mon corps comme l'électricité.

Je ne peux fixer mon regard sur lui. Je suis tout désir pour lui, je l'ai aimé, je veux le regarder. Je rassemblai mes forces. Je dois le regarder une fois de plus. Oui, je relevai la tête et le regardai... Ô merveille! il me regarde, il rapproche son visage du mien... Et ce regard... Il est tout entier amour, tendresse, délicatesse... Il dit en me suppliant d'une voix calme: «C'est fini, Nahed?»

Je tombai sur la face; je ne pouvais supporter tout cet amour, toute cette tendresse, toute cette délicatesse! Mais qui suis-je pour que ce Puissant me supplie de cette manière? Sa tendresse dépasse la douceur d'une mère à l'endroit de son fils au coeur dur. Et ce Puissant connaît mon nom! Et il m'appelle par mon nom! Il me connaît bien. Mais qu'entend-il par ces mots: c'est fini? Je ne comprends pas ce à quoi il fait allusion. Le lui demander? Oh non! Ce n'est pas quelqu'un à qui l'on pose des questions, c'est quelqu'un auquel on obéit seulement. Ce monologue intérieur fut rapide et maintenant je me dois de lui répondre vite. Je dis alors, sans pouvoir me maîtriser: «Oui, c'est fini... c'est fini!»

Je suis tout désir pour lui. Je dois rassembler mes forces et le regarder de nouveau. De fait, je relève la tête: il se rapproche encore de moi et me regarde... Avec le même amour, la même tendresse, la même délicatesse, il me supplie une deuxième fois et me dit: «Es-tu sûre, Nahed?»

Les rayons qui émanent de ses yeux parcourent mon corps. On dirait qu'il voit la profondeur de mon être. Et pour la deuxième fois, je tombe à ses pieds. De ma vie, je n'ai rien vu de semblable à cet amour, cette tendresse, cette bonté. Et tout cela est pour moi! Qui suis-je pour qu'il me donne tout cela? Et je me demandai encore: sûre de quoi? Je ne comprends pas ce qu'il veut dire, mais je dois lui obéir, je n'ose pas lui poser de question. Je lui réponds sans relever la tête: «Oui, je suis sûre... je suis sûre!»

Je l'aime parce que je sens [chez lui] un amour sans pareil... Pour la troisième fois, je rassemble mes forces et relève la tête pour le regarder, malgré la peur qui me possède, et mon corps qui tremble et qui échappe à mon contrôle, bien que je sois [en même temps] submergée par le repos, la paix et le bonheur. Je le regardai. Ô merveille! Il se rapproche de plus en plus de moi... Même regard, même voix tranquille: «C'est-à-dire je me rassure, Nahed?»

Ô mon Dieu! ce Puissant veut être rassuré par moi? Mais à propos de quoi veut-il être rassuré? Il faut que je lui obéisse, et de la même manière, je lui réponds sans comprendre le sens de sa question: «Oui, rassure-toi... rassure-toi!» Puis il ajouta: «Regarde-moi». Je lui dis: «Je ne peux pas». Il me dit avec assurance: «Ne crains pas... Regarde-moi». Et lorsque j'entendis: Ne crains pas! ma crainte disparut à l'instant...

Je relevai la tête et me mis à regarder attentivement son beau visage que la langue est impuissante à décrire. Je constatai que les rayons intenses qui sortaient de ses yeux étaient devenus supportables; c'était comme si la lumière irradiait de ses yeux. Qu'est cela, ô mon Dieu? Amour... tendresse... délicatesse... bonté... pureté... innocence... je ne trouverai pas les mots aptes à exprimer ce que je vois.

Quelques instants passèrent. Je ne me lassais pas de le regarder. Et chaque fois que je le regardais, mon désir de lui augmentait. Puis il dit calmement: «Que vois-tu?» Je sentis qu'il voulait me mettre à l'épreuve! Je gardai un moment le silence, réfléchissant, puis je lui dis: «Je vois l'aspect d'un enfant.»[16] Les signes de tristesse disparurent aussitôt, mais il ne sourit pas. Puis je vis les larmes[17] couler à flots de ses yeux comme un torrent, et plus, comme un fleuve qui coulait sur ses joues vers ses habits... Je pleurais fort avec lui et mon corps

---

[16] Cette réponse de Nahed est l'un des nombreux signes de l'authenticité de son expérience religieuse. L'enfance est, en effet, la traduction, dans le langage mystique, de l'éternelle jeunesse de Dieu.

[17] Les larmes de Jésus rappellent celles qu'Il a versées sur Jérusalem qui n'avait pas «compris le message de paix» et qui n'avait pas «reconnu le temps où elle fut visitée.» Cf. Luc 19,41-44. Jésus pleure sur nos refus.

tremblait; pourtant, dans mon tréfonds, je sentais que j'étais heureuse, que ma réponse était bonne et qu'il était satisfait de moi. Quelques moments passèrent... Je repris conscience au choc de mon corps contre le lit... J'ouvris les yeux... Où suis-je? Et où est-il? Où est l'habit que je portais? Il s'écoula un certain laps de temps comme si j'avais perdu la mémoire. Je refuse la réalité, je veux retourner à ce que je viens de vivre... Je sens de l'amertume. Je veux retourner à lui. Aide-moi, ô mon Seigneur, à supporter mon exil sur la terre, loin de Toi, sans Te voir.

Je T'aime de tout mon être, je T'aime du plus profond de mon coeur. Tu m'as fait sentir que Tu m'aimes d'un amour qui n'a pas son pareil dans ma vie. Les rayons qui émanaient de ses yeux ont fait fondre mon corps et lui en ont substitué un autre... Chaque fois qu'il me parlait, il hochait la tête avec compassion, ses yeux lumineux dessinant des cercles de lumière. Ils sont devant moi, je les vois encore; sa voix calme et tendre est dans mes oreilles. Il est au-dessus de la raison et de l'imagination. C'est un merveilleux mélange: malgré toute la délicatesse, la tendresse, l'amour, la bonté, il paraissait d'une force extrême. Je suis incapable de le décrire. Incapable d'endurer [la séparation].

Quand je repris un peu mon calme, je réveillai ma fille: elle couche à mes côtés et la force de la vision me fit penser qu'elle avait vu avec moi ce que j'avais vu. Je lui demandai avec empressement: «As-tu vu celui qui me parlait?» Je vis apparaître la stupeur sur son visage et elle dit calmement: «Calme-toi, maman... Qui te parlait?» Je le lui décrivis et elle dit: «C'est la description d'un ange, c'est certainement un ange.» Mais sa réponse ne me convainquit pas... Non... Moi, je le connais bien, je sais qui il est, et je sais ce qu'il veut signifier par ses paroles.

Je la quittai, je sortis de la chambre et me dirigeai vers la chambre de mon fils. Je lui racontai tout ce qui était arrivé et lui posai la même question. Il manifesta les mêmes signes de stupeur. Il ne m'avait jamais vue dans cet état. Il me dit calmement: «Calme-toi, maman, c'est sûrement un ange, c'est la description d'un ange.» Mais non... Je sais qui il est, mais je n'arrive pas à le croire.

Après un moment, mon mari se réveilla à ma voix et je lui posai, à lui aussi, la question. Il me répondit: «C'est peut-être Joseph [le fils du patriarche Jacob], il a les mêmes traits [dans le Coran].» Mais non, ce n'est pas Joseph le juste... Je sais qui il est, mais j'ai besoin, à cause de l'énormité de la surprise, que quelqu'un me le confirme.

Je m'habillai vite et sortis en courant pour me rendre à l'école. Je volais presque, je ne sentais pas mes pas sur le sol. D'étranges sentiments m'habitaient, comme si j'étais d'un autre monde: j'étais une étrangère sur cette terre, ce que j'avais vu et entendu était plus fort que ce qu'un humain pouvait supporter.

J'entrai dans le bureau de Samia et lui demandai avec empressement qui avait ces traits; et j'entrepris de lui décrire et lui expliquer tout ce qui était arrivé, sans pouvoir me dominer à cause de la violence de mes larmes. Je ne pouvais maîtriser mon corps tout tremblant. C'était comme si je revivais l'événement pendant que je lui en faisais le récit. Je revoyais ses yeux et la lumière qui en irradiait devant moi, sa voix tendre et calme était dans mes oreilles. Lorsque je terminai mon récit, Samia montra des signes de stupeur et dit: «Je vais vous soumettre une collection d'images et vous essaierez de le reconnaître.» Elle ouvrit son sac à main, en sortit un gros paquet d'images et me le donna. J'examinai les images une à une et tout de suite je saisis l'image du Bien-Aimé et lui dis: «Cette image le représente, mais il est beaucoup plus beau.»[18] Je n'attendis pas la réponse de Samia: son regard vers moi me fit savoir que c'était Lui... Quant à elle, elle ne put me répondre et dit: «Je

---

[18] Plus tard, Nahed découvrira une image du visage du Christ conforme à celui de la vision. Il s'agit du "vrai visage de Jésus reconstitué à partir du Linceul [de Turin] par le laboratoire de la NASA" *(Il vero volto di Gesù ricavato dalla Sindone dall'elaboratore della NASA. Comunità Editrice - 95031 Adrano, Catania).* Dans les rencontres de témoignage, Nahed montre cette image, reconstituée, de la Sainte Face de Jésus, vivant, que nous avons reproduite sur la couverture de ce livre.

demanderai d'abord à "Abouna"[19], puis, je vous répondrai.»

Je la quittai et me dirigeai vers mon bureau. Je me rappelai l'oustaz[20] Moufîd, professeur de sciences. Il est, sans nul doute, assis dans mon bureau, m'attendant selon son habitude qui dure depuis deux ans[21]. Il me suit comme mon ombre, malgré tout ce que je m'étais laissé aller à faire contre les chrétiens de l'école; il me sert et m'aide avec un extrême dévouement. Il a beaucoup enduré de ma part, mes écarts de langage et de comportement à son égard, mon impolitesse à l'égard de tous les chrétiens. Bien plus, il me rendait le bien pour le mal. Je ne réussis pas un seul jour à lui faire perdre sa paix ou sa sérénité.

J'entrai et le trouvai assis près de mon bureau, lisant le journal selon son habitude. Dès qu'il me vit, il s'empressa de me dire: «Qu'avez-vous?» Je m'assis à mon bureau, sentant que j'étais sur le point de m'écrouler. Je lui dis: «Moufîd, j'ai eu une étrange vision dont je veux vous informer.» Il me dit avec empressement: «Dites-moi tout en détail.» Je me mis à lui raconter tout ce que j'avais vu. Je ne parvenais pas à maîtriser mes

---

[19] "Abouna": "notre père", désignation familière du prêtre chez les chrétiens arabophones.

[20] "Oustaz", littéralement "Maître": titre attribué en Égypte à tout enseignant.

[21] La suite du récit nous apprendra la cause du comportement de Moufîd à l'égard de Nahed.

larmes. Des signes de stupeur parurent sur le visage de Moufîd.

Quand j'eus terminé, il dit: «Je vous en prie, pardonnez-moi, répétez ce que vous avez dit.» Je racontai une deuxième fois, et le voici qui veut que je raconte une troisième fois. Je le fis et sentis que, pendant mon récit, Moufîd voyait ce que j'avais vu. Il leva la tête et s'écria: «Merci, Seigneur!» Et il ajouta avec calme: «Voulez-vous vraiment savoir qui il est?» Je lui répondis en toute confiance: «Oui, bien sûr!» Il dit avec calme: «C'est le Christ.» Bien que je fusse certaine que c'était Lui, je fus surprise par cette nouvelle. Je m'effondrai vraiment, tremblante et toute en larmes.

Moufîd tenta en vain de me calmer. Il sortit alors, ferma la porte et me laissa seule. Je ne sais combien de temps s'écoula pendant que j'étais dans cet état. Mais je sentais que, de temps en temps, il ouvrait la porte pour se rendre compte de mon état, jusqu'à ce que je me fusse calmée. Il entra alors dans mon bureau et s'assit à mes côtés. Je me tournai vers lui et dis: «Qui suis-je pour voir le Christ? Et qui suis-je pour qu'Il me parle de cette manière? Il me suppliait avec tant d'amour, de tendresse, de délicatesse. Et que voulait-Il dire par "C'est fini, Nahed... Es-tu sûre, Nahed... Je me rassure, Nahed...?" Je suis sur le point de perdre la raison! Tout cet amour pour moi... moi! Toute cette tendresse? Je n'arrive pas à me croire; je n'étais pas endormie, j'étais réveillée; je n'étais pas dans mon lit ou dans ma maison... Non... J'étais dans un autre lieu. Ma langue est inapte à décrire ce que j'ai vu... Les mots adéquats n'existent pas.»

Moufîd me répondit: «C'est vrai, nous ne méritons rien. Mais Il ne nous donne pas selon nos mérites. Il nous donne de la richesse de sa gloire.» Je lui dis: «J'ai honte de moi-même. Ô mes péchés! Je veux me confondre avec la poussière tant est grand mon regret pour toutes ces années de ma vie passées sans Le connaître. Mes péchés [m'accablent] comme une montagne sur mes épaules. Et, malgré tous ces péchés, Il m'accueille avec cet amour?» Il me répondit avec calme: «Il aime les pécheurs, et, quand ils se repentent, Il dit: J'oublie tous vos péchés, je ne les rappellerai pas... C'est le Christ, notre Dieu très bon.» Je lui dis: «Que dois-je faire maintenant?» Il m'interrompit: «Rien! Patientez. Lui complétera son oeuvre en vous et vous dirigera. Mais calmez-vous et efforcez-vous d'être naturelle.» Il me quitta et s'en fut.

Des jours passèrent, et moi ne voyant, nuit et jour, que ses yeux remplis de lumière, n'entendant que sa voix pleine de tendresse. Ô la grandeur de ton amour pour nous, pécheurs. Or un jour, j'étais en train de parler à mon Dieu bien-aimé et je Lui demandai: «Mon Dieu... j'ai honte de moi-même... Pourquoi toute cette bénédiction et cette grâce? Je ne peux relever la tête devant Toi, confuse de mes péchés... Montre-moi,

Seigneur, ce que je dois faire. Je suis sur le point de fondre de désir pour Toi... Viens au secours de ma faiblesse, aide-moi à endurer. Mais pourquoi moi... Qui suis-je pour Te rencontrer et bénéficier de tant de grâces?» Aussitôt vint la réponse du Bien-Aimé: «Tu as une mission.» Ô merveille! Mais je ne crus pas ce que j'entendis et répétai: «Pourquoi?» Il me répondit une deuxième fois: «Tu as une mission.» Je criai: «Moi, mon Seigneur?» Et pour la troisième fois: «Tu as une mission... Calme-toi et rassure-toi... Et ne te hâte pas, pour ne pas tout compromettre.»

Je fus plongée dans la paix et le calme et je dis au Seigneur: «Mon Dieu, je suis ta propriété. Que ta volonté soit faite, non la mienne. Je me suis remise à Toi pour que Tu fasses de moi ce qui Te plaît. Je ne veux rien d'autre que ton Visage bien-aimé. J'ai su dès le premier instant combien Tu m'aimes. Puissé-je T'aimer de tout mon pouvoir. Que le Seigneur se serve de moi, quel honneur, quelle puissance et quelle dignité! Aide-moi, ô mon Seigneur, et fortifie-moi, pour que je sois selon le modèle qui Te plaît... Pardonne-moi et daigne être Celui qui trône sans partage sur mon coeur. Je suis à Toi et le serai tant que je vivrai, mais je T'en prie, garde-moi en Toi jusqu'au dernier soupir.»

Telle devint «Nahed» après la rencontre du Seigneur de la Gloire. Néant, le monde entier... Rien ne vaut, sur la terre, une larme du Bien-Aimé... Avec Lui,

je ne désire rien... En Lui, l'amour, la paix, la sécurité. En Lui, la satisfaction... Oui, la plénitude de la satisfaction.

III

L'ACTION ADMIRABLE

DU SEIGNEUR

Bien des jours passèrent, je ne sais comment. Et chaque jour qui passait augmentait mon désir du Bien-Aimé: mon désir de Le bien connaître, de connaître le christianisme et de lire la Bible. Je désire aller prier à l'église. Je désire rencontrer un prêtre. Mais comment faire? Sûrement, aucun prêtre n'acceptera de me rencontrer. Hier encore, j'étais une source de plaintes de la part des chrétiens, étudiantes, enseignantes et enseignants, et aujourd'hui je suis chrétienne!

Je demandai à Samia: «Je veux rencontrer Abouna et je veux une Bible.» Samia me répondit avec calme: «J'ai mis Abouna au courant de tout ce qui s'est passé et il consent à vous rencontrer, mais donnez-lui le temps d'arranger cette rencontre. Quant à la Bible, laissez-moi vous demander d'abord où vous la lirez. À l'école, alors que dans votre bureau il y a un mouvement perpétuel? Ou bien dans la maison de votre mari et de vos enfants?»

Je me suis immédiatement souvenue de mon appartement, oui, mon appartement privé. Je comprends maintenant pourquoi je l'ai loué. Je passai en revue les événements. Mon père était décédé. Il avait été général de police et avait possédé un grand appartement dans les immeubles des officiers de la police à 'Abbassia[1]. À qui reviendrait cet appartement? Nous ne pûmes nous entendre et décidâmes de le vendre. Je reçus ma part du prix de vente. Je me sentis poussée à louer un appartement personnel. Mes enfants tentèrent de m'en empêcher sous le prétexte que je devais changer de voiture, la mienne étant trop petite. Mais je refusai et maintins d'une manière étonnante ma détermination de louer un appartement privé. La somme était modique, sept mille livres, et par conséquent, l'appartement serait dans un quartier modeste[2]. Mais je ne me souciais guère du quartier, l'important était d'avoir mon appartement privé. Je signai le contrat de location à la fin de l'année 1986 et j'en pris possession en janvier 1987.

L'appartement est resté inoccupé jusqu'à aujourd'hui. De temps en temps, j'achetais un appareil ménager moderne et l'y installais. Tantôt une laveuse nouvelle, tantôt un réfrigérateur, un four au butane, un

[1] Un quartier du Caire.

[2] En Égypte, la loi exige que le loyer d'un appartement, dans un vieil édifice, demeure invariable. Mais pour compenser sa faible valeur, tout nouveau locataire verse une certaine somme d'argent que se partagent le locataire sortant et le propriétaire, une sorte de "pas de porte". Le quartier modeste, nous l'apprendrons beaucoup plus loin, est celui de 'Aïn Shams, banlieue nord du Caire, au sud-est de Helmiet El Zaytoun.

chauffe-eau... tant et si bien que l'appartement était équipé de tout le nécessaire. Je dois maintenant prendre une importante décision: aller y vivre. Mais comment? C'est une décision difficile. Que Dieu me vienne en aide et me fortifie!

Un matin, je me rendais à l'école... En traversant la rue, j'entendis le bruit d'un violent coup de frein d'une voiture qui avait failli me frapper. Les passants s'arrêtèrent pour voir ce qui se passait. Le chauffeur sortit de la voiture pour m'adresser des insultes. Je le regardais sans me rendre vraiment compte de ce qui se passait, ni comprendre la raison de toutes ces insultes. Je suis d'un autre monde, je ne sens pas mes pas sur le sol, je ne vois que ses yeux pleins de lumière, je n'entends que sa voix chaude et pleine de tendresse, je ne considère que cette chose qui dépasse l'entendement: Dieu me confie une mission! Je ne répondis pas un seul mot et continuai ma marche vers l'école.

Après le premier pas, ô surprise! j'entendis une voix puissante: «Dis: Au nom du Père et du Fils et du Saint-Esprit». Je ne compris pas qui disait ces paroles, ni d'où venait cette voix. Je dis: «Quoi?» La voix dit une deuxième fois: «Dis: Au nom du Père et du Fils et du Saint-Esprit». Je redis avec stupeur: «Quoi?» La même voix répéta une troisième fois. Je regardai autour de moi: tout le monde entendait peut-être la même voix? Mais non. Tous ceux qui étaient dans la rue circulaient normalement. C'est à moi que s'adressait cette voix. Je sentis que je ne pouvais tenir debout, ni avoir le contrôle de mon corps. Toute tremblante, j'entrai vite à l'école pour ne pas tomber dans la rue.

Je me dirigeai aussitôt vers le bureau de Samia qui fut surprise de me trouver dans cet état. Elle vint vite vers moi et me fit asseoir, puis elle me dit: «Êtes-vous la personne que la voiture allait écraser?» Je lui répondis: «Ce n'est pas un problème de voiture, le problème c'est ce que je viens d'entendre.» Elle me dit: «Qu'avez-vous entendu?» Je sentis alors quelque chose me tenir la main et la promener de mon front vers le milieu du corps, et de mon épaule gauche à mon épaule droite tandis que je disais «Au nom du Père et du Fils et du Saint-Esprit». Des signes de stupeur parurent chez Samia et elle dit en faisant le signe de la croix: «Qui vous a appris cela?» Je lui répondis: «Ces paroles, je les ai entendues après que la voiture eut failli me tuer. Quant au mouvement de la main... c'est quelque chose qui vient de tenir ma main et qui m'a appris à tracer le signe de la croix de cette manière.» Samia me dit: «Complétez: Un seul Dieu. Amen.»[3] Je lui demandai: «Et que signifient ces paroles?» Elle répondit: «Dieu est descendu du ciel en son Fils unique en qui nous avons été transférés de la gauche à la droite, c'est-à-dire, des ténèbres à la lumière». Elle se tut un moment puis

---

[3] Les chrétiens d'Orient font le signe de la croix en ajoutant "un seul Dieu" à la formule trinitaire pour affirmer que ***la trinité des Personnes en Dieu est le Mystère du Dieu Unique.***

ajouta: «Quand vous êtes inquiète, quand vous avez peur, le matin au réveil et avant de vous coucher, quand vous entrez ou sortez, répétez ce que le Seigneur vous a appris aujourd'hui. Il vous donne selon le désir de votre coeur... Mais prenez garde que l'on ne vous voie.»

Ô mon bonheur! Ô ta science infinie, Seigneur Dieu, le Tout-Puissant! Je suis privilégiée par ton amour: Tu m'instruis Toi-même! Je Te remercie, Seigneur. Passerais-je le restant de mes jours prosternée à tes pieds, je ne pourrai Te rendre ne serait-ce qu'une petite partie [de ma dette]. Mais Tu donnes généreusement.

Je me dirigeai vers mon bureau... J'y trouvai Moufîd assis, lisant comme d'habitude son journal. Je lui dis calmement: «Au nom du Père et du Fils et du Saint-Esprit, un seul Dieu. Amen» et je traçai le signe de la croix comme le Tout-Puissant me l'avait appris. Moufîd sourit en me disant: «Ne vous ai-je pas dit que Dieu vous guidera et vous enseignera? Merci, mon Dieu! Rendez toujours grâce à Dieu. Maintenant, je suis tranquille à votre sujet, vous êtes dans des mains fidèles... les mains de notre Dieu bien-aimé.»

Je m'assis à mon bureau, près de Moufîd et sortis de mon sac une boîte de cigarettes. Je fumais follement. Je portai une cigarette à ma bouche, mais avant de frotter l'allumette, Moufîd me regarda et dit poliment: «Il n'y a pas de raison de l'allumer... elle n'a maintenant aucune nécessité.» J'eus honte de moi-même et retirai vite la cigarette qui était entre mes lèvres, je la jetai au panier avec la boîte de cigarettes. Et je promis à Dieu de ne jamais recommencer à fumer... jamais... J'étais sincère dans mon engagement, c'est pourquoi, Dieu m'a aidée: je ne sentis plus jamais le désir de fumer.

De beaux jours heureux passèrent, le Bien-Aimé m'entourant de son amour, de sa sollicitude et de sa protection qui dépassent toute pensée et toute imagination. Je sens que les bras du Bien-Aimé m'entourent... Mon Dieu, je T'aimais, mais j'étais loin de Toi et je ne connaissais pas le chemin vers Toi... Il y avait une cloison entre Toi et moi. Je T'ai cherché partout... Maintenant, je T'ai trouvé... Tu es plus près de moi que moi-même. Tu habites dans mon tréfonds. Je ne peux dire que je T'aime, car cela voudrait dire que Tu es séparé de moi...[4] Mais je dis: je suis en Toi et Tu es en moi. J'avais peur de Toi, j'avais peur du jour de ta rencontre, mais maintenant, je suis sur le point de fondre de désir pour Toi et pour le jour de la fin de mon exil... Le vrai bonheur est d'être avec Toi.

Une nuit, j'étais seule avec le Bien-Aimé. Je me plaignais à Lui de ma maladie et de la migraine constante dont je souffrais depuis longtemps et qui était la conséquence d'une hypertension. Ma tension artérielle

---

[4] L'expression, ici, est inadéquate, car l'amour est unitif et suppose l'***altérité:*** il ne s'agit donc pas de séparation, mais de distinction des personnes.

avait atteint 200/110. Mon médecin m'avait ordonné de ne pas quitter le lit, autrement, je risquais ou bien l'éclatement d'une artère du cerveau, ou bien une crise cardiaque. Mais je ne pouvais supporter de rester au lit. Je levai mon coeur vers mon Seigneur plein de tendresse: «Mon Dieu, je veux le toucher de ta main compatissante, car il n'y a pour moi de guérison que venant de Toi. Tu es le Dieu tout-puissant, guéris-moi, ô Bien-Aimé.» Aussitôt, je sentis quelque chose me frôler le front et faire disparaître la migraine. J'allumai pour voir ce qui m'avait touché et ne trouvai rien. Je compris alors que notre Dieu bon et compatissant avait eu pitié de moi et m'avait touchée de sa main généreuse. Un courant calme parcourut mon corps et le remplit de paix et de tranquillité et, pour la première fois depuis ma rencontre avec le Seigneur de la Gloire, j'éprouvai le désir de dormir. Je remerciai Dieu et Lui demandai de me donner un sommeil paisible. Je sombrai immédiatement dans un profond sommeil.

Cette nuit-là, je me suis vue debout dans une petite chambre au plancher recouvert de tapis et où il y avait un bassin grand et profond, rempli d'eau. L'étrange, c'est que je ne portais qu'une robe et j'avais les pieds nus. Je savais que j'étais dans une église. Mais comment pouvais-je être, pour la première fois de ma vie, dans une église et ne porter que cette robe? Et qu'est cette vue merveilleuse que je découvre pour la première fois? Je n'avais jamais vu, auparavant, un pareil bassin, grand et profond... Je fus surprise d'entendre quelqu'un ouvrir la porte, mais ma grande honte m'empêcha de le regarder. Je serrai la robe de mes mains et regardai à terre. Il se tint devant moi et tendit une main éclatante de blancheur et se mit à tracer des signes sur mon corps. Je tentai de m'y opposer... mais comment m'opposer à mon Seigneur et mon Bien-Aimé? Je me soumis à Lui jusqu'à ce qu'il eût fini. Puis Il me quitta et sortit de la chambre laissant derrière lui la porte ouverte. Je marchai derrière Lui et sortis... pour trouver autour de moi dix ou douze prêtres revêtus de leur habit noir. Certains d'entre eux portaient un cierge allumé. Ils chantaient des chants étranges que je n'avais jamais entendus et dont je ne saisissais pas le sens. Je marchais devant eux. Ils me suivaient comme si j'étais une fiancée dont on célèbre les épousailles. Je marchais dans un long couloir, puis je gravis deux marches... je tournai autour de quelque chose qui ressemblait à une table recouverte d'une belle nappe blanche et ils me suivaient en répétant leurs belles mélodies. Je descendis vers le couloir et ils m'accompagnèrent jusqu'à la porte de l'église et je sortis.

Au réveil, je me rappelai ce que j'avais vu, la honte sur le point de me rendre folle. Qu'ai-je vu? J'entre pour la première fois dans une église et j'y entre dans cette tenue? Et que veulent dire ces signes? Chaque fois que je touchais l'endroit de ces signes, j'y trouvais de l'huile...! Je partis en hâte à l'école pour me renseigner auprès de Samia et savoir ce qui s'était passé cette nuit. Je m'assis devant elle sans pouvoir, à cause de la honte, la regarder, et je lui racontai ce que j'avais vu. Je fus surprise de l'entendre crier de joie et dire: «Êtes-vous descendue dans le bassin?» Je lui répondis: «Non... et pourquoi?» Elle dit: «C'est le baptême... Il ne vous manque que d'être plongée dans l'eau et vous aurez été baptisée.» Et elle se mit à m'expliquer ce qu'est le baptême et son importance et pourquoi il faut que chaque chrétien soit baptisé.

J'ignorais que le tendre toucher de mon Seigneur et Bien-Aimé m'avait guéri d'un mal pernicieux et de maladies incurables.

Combien je suis chanceuse, ô Dieu, d'être aimée par Toi... Tu m'apprends Toi-même toute chose. Mon Dieu, Tu m'enveloppes de ta protection comme si j'étais l'unique objet de ta considération. Tu m'entoures de ton amour comme si j'étais unique pour Toi. Tu me conduis comme s'il n'y avait pas d'autres sur terre à conduire. Je Te remercie, ô Dieu de tendresse.

Samia m'avait promis de raconter à Abouna tout ce qui était arrivé et de lui demander un rendez-vous pour moi. Je la quittai et me rendis à mon bureau pour y trouver Moufîd m'attendant. Il me regarda comme s'il lisait sur mon visage tout ce qui s'était passé. Il sourit et dit avec calme: «Dites vite la cause de la joie qui se reflète sur votre visage.» Je m'assis près de lui et lui fis le récit de tout ce que j'avais vu tandis qu'il glorifiait

Dieu et Le remerciait. Quand je terminai, il leva la tête et dit en me regardant: «Je Te remercie, Seigneur. Je sais que Tu es le même hier, aujourd'hui et pour l'éternité[5]. À Toi la gloire pour les siècles des siècles. Amen! Le Seigneur vous a choisie pour être son témoin et j'ai confiance que notre Dieu tout-puissant vous gardera et vous protégera et qu'Il complétera immanquablement son oeuvre en vous... Rendez-Lui toujours grâce et glorifiez-Le.»

Mon rendez-vous chez le médecin traitant arriva. J'y suis allée bien que n'éprouvant ni douleur ni migraine. Il me demanda si j'avais gardé le lit comme il me l'avait ordonné. Je lui dis: «Non, docteur. Je vous prie de m'examiner d'abord, puis vous direz ce que vous voudrez.» Il mesura ma pression artérielle et ce fut la surprise. Aucune trace d'hypertension. Il n'en croyait pas ses yeux. Dans la crainte que l'appareil fût déficient, il en fit venir un autre. Même résultat... Il ne fit aucun commentaire et se mit à me regarder attentivement. Oui, le Tout-Puissant m'a guérie par le toucher de sa main généreuse. Je n'ai plus besoin de vos semblables.

Des jours passèrent pendant lesquels je jouissais de la sollicitude et de la protection de notre Dieu très bon. Qu'elle est belle la vie avec le Bien-Aimé. Mais mon désir augmentait d'en savoir davantage sur le Christ

---

[5] Cf. Épître aux Hébreux 13,8.

et sur la Bible. Un matin, Samia vint à mon bureau et chuchota à mon oreille: «Abouna a accepté de vous rencontrer.» Je criai de joie: «Je vais le rencontrer à l'église!» Elle me dit: «Non! Dans notre maison. Mon père est malade et Abouna a décidé de lui rendre visite pour prier pour lui. Vous viendrez aussi et le rencontrerez.» Je lui dis avec empressement: «Quand?» Elle répondit: «Demain, dimanche, après la messe.» J'ai failli voler de joie. Je retournai à mon domicile, comptant les minutes qui restaient. Demain, je rencontrerai Abouna pour la première fois. J'avais certes rencontré maintes fois des prêtres, mais la rencontre de demain est tout autre. Je suis, par la grâce de Dieu, un être nouveau. Le soir vint, je me couchai tôt: demain viendra peut-être plus vite.

Cette nuit, je vis quelqu'un qui m'invitait à visiter un monastère en plein désert; de tous les côtés, des étendues de sable sans fin. Le monastère avait un grand portail en métal qui se mouvait sur une glissière. Audessus, il y avait trois coupoles: celle du milieu était grande et surmontée d'une grande croix. Je m'approchai du portail avec la personne qui m'avait invitée. Quelqu'un l'ouvrit: il était vêtu d'une "guelbaba" [djellaba] noire et, sur sa tête, une coiffure noire marquée de petites croix. Nous passâmes la porte et nous engageâmes dans une longue allée bordée d'arbres au bout de laquelle nous découvrîmes une église nouvelle derrière laquelle se trouvait une autre, ancienne. Nous entrâmes dans la vieille église et je vis des corps de saints qui étaient comme endormis devant moi. Quand je me réveillai, le matin, je me réjouis beaucoup: je décrirai à Abouna le monastère tel que je l'ai vu. Sans doute, il l'identifiera et aura ainsi la certitude de ma sincérité.

Le moment du rendez-vous approchait. Je me rendis tôt chez Samia pour attendre, impatiente, l'arrivée d'Abouna. Il arriva. Je le saluai et lui baisai la main avec amour et considération et m'assis en face de lui. Je commençai à raconter tout ce que j'avais vu. Je pleurais fort sans pouvoir me maîtriser pendant que je décrivais le Christ: sa manière de parler, son amour, sa tendresse, sa délicatesse, comme si je Le revoyais et entendais sa voix. De même, je lui racontai tout ce qu'ensuite j'avais vu et entendu.

Abouna m'écoutait avec beaucoup d'attention... Quand j'eus fini de décrire le monastère que j'avais vu, il dit: «C'est la description de Dair El-Baramûs[6] et je vous invite à le visiter. Voulez-vous y aller avec moi?» Je lui répondis avec empressement: «Naturellement, je veux y aller.» Il dit: «J'y vais mardi prochain et je serai de

---

[6] Le monastère d'El-Baramûs à Wadi El-Natroun, dans le désert libyque, est à une dizaine de km. au nord-ouest du monastère d'Amba Bishoï dont Nahed parlera plus loin, et celui-ci est à une dizaine de km. à l'ouest de la route du désert qui relie Le Caire à Alexandrie. Le Wadi El-Natroun, "la vallée du natron (ou natrum)" comprend, sur une longueur de 25 km., une douzaine de lacs riches en natron (carbonate de sodium) et en sel (chlorure de sodium). Il compte quatre monastères.

retour jeudi soir. Nous partirons à 5 heures du matin, nous nous rencontrerons devant ma maison.» Je me rappelai aussitôt mon appartement privé. Il est dans la même rue, à cinq minutes de marche ou moins. Je compris alors la raison de cette étrange détermination qui me fit louer un appartement, et dans ce quartier. Oui, je compris que cet arrangement venait du Tout-Puissant.

Abouna entreprit de m'expliquer l'Incarnation et sa nécessité. Je lui dis: «Ne vous fatiguez pas, Abouna, à me donner des explications. J'ai tout vu, moi-même; de mes yeux j'ai vu l'homme et Dieu en Lui. J'ai vu ce que la langue est impuissante à décrire. Ah! Si tout le monde pouvait savoir la mesure de son amour pour nous! Si je pouvais trouver les mots adéquats pour exprimer ce que j'ai vu!»

Ma rencontre avec Abouna dura cinq heures, de 2 heures après-midi jusqu'à 7 heures du soir, sans voir passer le temps. Nous étions tous heureux de la présence du Bien-Aimé au milieu de nous. Nous partîmes avec l'espoir de nous revoir le mardi suivant à 5 heures du matin.

Sur le chemin du retour, je me mis à penser. Comment pourrai-je m'absenter trois jours... Quelle réponse donnerai-je à mes enfants s'ils me demandent: «Où vas-tu?» Le temps est arrivé: il faut que je quitte la maison demain, lundi, pour aller demeurer dans mon appartement privé et être prête à partir pour le monastère mardi avec Abouna. Mais comment affronter mes enfants? Comment le leur annoncer? Peu de jours nous séparent de la période des examens de mon fils. Il prépare un baccalauréat en polytechnique à l'Université de 'Aïn Shams. Je lui avais ménagé repos et tranquillité tout au long de l'année scolaire, ne lui refusant aucune demande. Mon Dieu, aide-moi! Fortifie-moi en cette conjoncture difficile. Pourrai-je supporter l'éloignement de mes enfants? Mon fils... qui est tout pour moi. Il a vingt-trois ans... Et l'aînée de mes filles a vingt-deux ans... la cadette, vingt. C'est la première fois que je me séparerai de mes enfants et bien que je fusse divorcée depuis l'année 83, je n'ai pas été capable de les quitter. Pourrai-je supporter l'instant des adieux? Et me laisseront-ils partir dans le calme? Aide-moi, Seigneur. Je leur parlerai aujourd'hui et m'en irai demain.

Je saisis l'occasion de la réunion de mes enfants avec leur père devant la télévision pour leur dire avec calme: «À propos, je m'en vais demain dans mon appartement privé.» J'attendis la réaction, mais, ô surprise! tout le monde se taisait. Personne ne prononça un mot et ils se mirent à me regarder fixement. J'ajoutai vite: «Je pense que je n'ai lésé aucun de vos droits.» Je les quittai et allai dans ma chambre réunir mes effets, sans donner à aucun d'entre eux l'occasion de discuter avec moi: pour ne pas faiblir devant eux et m'effondrer. Comme je suis heureuse! Je Te remercie, Seigneur.

Lundi matin, je me rendis tôt à mon travail et, à la fin de la journée, je demandai à deux ouvriers de l'école de se procurer une petite camionnette de déménagement. Je commençai à faire descendre mes affaires. Ô merveille, je suis heureuse d'un bonheur indescriptible! La situation est plus facile que je ne l'imaginais. J'ai le sentiment d'être une mariée qui se rend dans la maison de ses noces... Oui, je suis une mariée... Je vais être toute seule avec Toi, ô Bien-Aimé. Ton amour dépasse tout amour et toute affection. Tous se sont soumis, et c'est Toi, ô Tout-Puissant, qui es le secret de leur soumission. Bien que mon nouveau logis soit petit et ne soit équipé que du nécessaire, il est, à mes yeux, un palais éclairé par la lumière du Bien-Aimé. Ce que je vis intérieurement est plus fort que toute autre chose. Ma langue est impuissante à exprimer la force de mon désir pour Toi. Lorsque nous découvrons la mesure de ton amour pour nous, nous tombons amoureux de Toi, car Tu nous a aimés le premier[7]. Avec Toi je ne désire plus rien. Tu as pris possession de mon âme et Tu T'es assis sans rival sur le trône de mon coeur. Heureuse suis-je... Je Te loue, je Te glorifie, je Te remercie parce que Tu m'as fait Te connaître et T'aimer.

Je m'assis dans la voiture et nous nous dirigeâmes vers mon nouveau logis. Je volais presque de joie... Les deux ouvriers montèrent mes affaires et s'en allèrent. C'est la première nuit de ma vie que je passe dans la solitude. Mais je ne suis pas seule: tes mains vénérées m'entourent. Je passai la nuit à nettoyer mon appartement et à y mettre de l'ordre, jusqu'à l'aube. L'heure du

---

[7] Cf. Première Épître de S. Jean 4,10.19.

rendez-vous approchait. Je sortis en hâte pour trouver Abouna debout près de sa voiture, guettant mon arrivée. Nous nous dirigeâmes vers Alexandrie par la route du désert. Nous arrivâmes au monastère. À Toi la gloire éternelle! Il avait le même aspect que j'avais vu et décrit en détail devant Abouna: le portail en métal, la longue allée bordée d'arbres, la nouvelle église et l'ancienne où nous entrâmes pour participer à la sainte messe.

C'était la première fois de ma vie que je ne comprenais pas ce qui se disait: je sentais les paroles. Je désirais comprendre... Un instant plus tard, un moine me tendit un livre pour suivre la messe. Je lisais... Je comprenais... Je relevai le nom du livre: "Le Saint Khoulâgui"[8]. Je dois m'en procurer un exemplaire. Je Te remercie, mon Dieu. Tu donnes sans que nous Te le demandions, car Toi seul connais nos besoins[9].

Quelques instants plus tard, je sentis une étrange odeur de sang remplir l'endroit. Je mis la main sur mon nez et cherchai la source de cette odeur. Abouna le remarqua et me demanda: «Qu'avez-vous?» Je lui répondis que je sentais une forte odeur de sang et en ignorais la cause. Il sourit et me dit: «Je vous expliquerai après la messe.

À la fin de la messe, je vis tout le monde aller vers le prêtre et recevoir quelque chose dans la bouche. Je demandai à Abouna: «Qu'est-ce qui se passe autour

---

[8] "Khoulâgui": le Missel copte.

[9] Cf. Matthieu 6,7-8.

de moi? Je ne comprends pas! Je veux faire comme eux.» Il me répondit: «Je vais vous expliquer: nous célébrons la messe pour faire mémoire de la mort et de la résurrection du Christ; ce pain, c'est son corps, le vin et l'eau, son sang. Dieu vous aime beaucoup: Il se sert de vos sens pour mettre les vérités à votre portée.» Je lui dis: «Je crois que c'est son corps et son sang précieux. J'ai senti l'odeur du sang, je Vous remercie, ô mon Seigneur. Je désire maintenant y communier.» Abouna répondit: «Non... Vous devez d'abord recevoir le baptême.» Je lui dis: «Et qu'est-ce qui m'empêche de recevoir le baptême maintenant?» Il dit: «Ce n'est pas aussi facile, il faut d'abord qu'un certain laps de temps s'écoule pour que je réfléchisse à cette question.»

Ainsi, il me faut patienter. Abouna me donna une Bible et un livre de prière[10], et me montra comment prier. J'achetai une cassette de l'enregistrement de la sainte messe et un missel pour étudier et comprendre chaque parole de la messe. Mardi, mercredi et jeudi passèrent comme de beaux instants remplis de paix et de véritable bonheur. Je n'ai pas senti le temps passer. Je me levais à 3 heures du matin pour participer à la prière de louange, puis à la messe. J'avais l'impression d'être, non pas dans le monde, mais au ciel avec les anges. Les moines dans leur habit blanc sont en fait des anges. Comment le temps est-il si vite passé?

---

[10] "Agbia": la Liturgie des Heures, l'équivalent de ce que l'on appelait jadis, dans le rite latin, le "bréviaire".

Je retournai chez moi... La cloison qui me séparait de l'Église a été brisée. En même temps prenait fin, dans la paix, l'année scolaire. Réjouis-toi, ô mon âme, dans le Bien-Aimé. J'irai chaque jour à l'église, je prierai et lirai la Sainte Bible, en commençant par le Nouveau Testament comme Abouna me l'a conseillé. Les paroles de l'Évangile sont faciles et simples, elles s'enchaînent avec aisance. Elles conquièrent directement le coeur. Je ne m'en lasse pas, elles ne me fatiguent pas, mais mon désir et ma faim augmentent. J'ai compris l'importance du baptême; à la messe, tout le monde communie au corps et au sang du Christ sauf moi... Il faut que je reçoive le baptême: aide-moi, ô mon Seigneur.

Je rendais régulièrement visite à mes enfants et me rassurais au sujet des examens de mon fils. Chaque fois qu'il terminait un examen, je remerciais Dieu. Puis il passa l'examen pour la matière dans laquelle il s'était fait recaler l'année précédente. Alors il donna des signes d'inquiétude et d'épuisement. Il m'avoua qu'il était inquiet au sujet des réponses qu'il avait données. Ce fut, pour moi, un choc. J'eus des remords. J'aurais dû attendre, aux côtés de mon fils, la fin des examens. J'allai voir Abouna et le mis au courant. Il essaya de me calmer et m'invita à faire une seconde visite au monastère avec sa fille et l'une des amies de celle-ci. J'acceptai et nous déterminâmes la date.

Nous partîmes vers le monastère où nous arrivâmes vers 5 heures de l'après-midi. Nous acceptâmes la proposition d'Abouna de dire les vêpres dans la grotte de l'Amba Kyrillos[11]. Nous y allâmes, accompagnés par un moine. Nous étions debout, en train de prier. C'est une petite grotte, le moine se tenait à l'extérieur. Je pleurais et demandais à mon bien-aimé Seigneur d'aider mon fils à réussir.

Chaque fois que je regardais l'image du pape Kyrillos, je sentais que ses yeux bougeaient. J'attribuai ma perception au fait de mes larmes. Les rayons du soleil étaient dans notre dos. Je sentis brusquement une présence derrière nous, une personne de grande taille qui voilait les rayons du soleil. C'était comme si elle nous entourait toutes les trois de ses bras. Je sentais ses yeux puissants percer de leurs regards mon dos. Je chuchotai à l'oreille de la fille d'Abouna et de son amie, leur demandant que nous partions. En sortant de la grotte, je n'ai trouvé personne! Je compris que c'était le pape Kyrillos. C'est un grand saint. J'ai su aussi que Dieu se sert de lui dans de nombreux miracles. Mais j'ai eu peur et demandai à Abouna de partir du monastère, ce que nous fîmes le lendemain.

Je retournai à ma demeure mais je ne cessais de penser comment il nous entourait de ses bras. Et cette force [qui émanait de lui]. Je le sentais encore! Je me

---

[11] Patriarche copte-orthodoxe qui a précédé le patriarche actuel et qui est considéré comme un saint par les chrétiens d'Égypte qui lui attribuent plusieurs miracles.

mis à penser à ce qui était arrivé et je sombrai dans le sommeil pour me voir assise à mon bureau, à l'école. Et voici mon fils qui arrive. C'est un enfant au visage rayonnant qui accourt vers moi, saisit mes mains et les baise en disant: «Maman, j'ai reçu le baptême!» Je lui dis en pleurant de joie: «Comment cela, mon fils, c'est incroyable!» Il le réaffirma, ajoutant: «C'est la bénédiction [qui découle] de tes voeux.» Je pleurai chaudement et redis une deuxième et une troisième fois les mots de mon étonnement, mon fils répétant les mêmes paroles. Je me réveillai tout en pleurs comme si c'était réel, mais je n'y crus pas: c'était peut-être le fruit de mon imagination sous l'effet de ce qui s'était passé la veille. J'essayai d'oublier ce que j'avais vu.

Je commençai à insister auprès d'Abouna: «Je veux être baptisée!» J'acceptai sa proposition de visiter le monastère de Sainte-Catherine [au Sinaï], un voyage organisé par l'Église. Une dame m'accompagnait. Vénérable, pleine de foi, elle connaissait le Christ. Je passai des moments exquis. Je visitai le monastère et la montagne de Moïse et je vis le buisson[12]. Je m'assis sur les rochers avec cette dame; nous méditions sur l'oeuvre des mains de Dieu. La même question trottait dans ma tête: «Quand serai-je baptisée? Et qui se chargera de cette tâche?»

---

[12] Le buisson où Moïse reçut de Dieu sa vocation et la révélation du Nom divin (Exode, chapitre 3).

Je fus arrachée à mes pensées par la voix de cette dame qui criait: «Abouna Botros». Étonnée, je lui demandai: «Qui est Abouna Botros?» Une voiture de voyages s'arrêta et un prêtre en sortit. Je ne le connaissais pas et ne l'avais jamais vu. Mon amie courut vers lui, et moi, après elle, mue par un grand désir. Nous le saluâmes. Je lui demandai qui il était. Elle s'étonna: «Comment! Tu ne le connais pas! Tous le connaissent.» J'appris d'elle le charisme qu'il avait reçu de Dieu. Il animait une réunion tous les samedis. Nous convînmes d'assister ensemble à ses réunions. Dieu arrange si bien les choses: cette dame habite près de chez moi, ainsi qu'Abouna Botros qui est responsable d'une église située dans le même quartier, dans une rue parallèle à la mienne, à quinze minutes de marche de ma demeure. Je Te remercie, ô Dieu de tendresse.

Je revins du voyage à Sainte-Catherine pleine d'espoir de recevoir le baptême et de communier au corps et au sang du Christ. Je dois amener Abouna à préciser son attitude: va-t-il me baptiser, oui ou non? Je décidai d'aller le voir. Et tandis que je marchais vite dans la rue, je disais à Dieu: «Si je meurs maintenant, m'accepteras-Tu comme ton enfant, chrétienne? Mon Dieu, Tu connais le désir de mon coeur pour Toi et pour le baptême. Mais je n'y puis rien. Je T'en prie, Seigneur, aide-moi, arrange les choses pour moi. Je connais l'importance du baptême. Tu es témoin, mon Dieu, que je fais tout ce que je peux. Je T'en prie, réponds à ma demande.»

Soudain, je suis surprise par une dame âgée qui m'arrête. Elle est debout devant moi, les bras ouverts. Elle tient une grande canne sur laquelle elle s'appuie, et dans l'autre main un sac en nylon contenant de grosses tomates rouges qui attirent mon attention. Elle me demande: «Est-ce que les gens sont sortis de l'église?» Sa question m'étonna: «L'église...? Quelle église?» Elle dit: «L'église de la Vierge Marie.» Je lui répondis: «Je ne le sais pas.» Elle me dit: «N'étiez-vous pas à l'église?» Je lui répondis: «Non! Et qui vous a dit que j'étais à l'église?» Elle me dit: «N'êtes-vous pas chrétienne?» Ce jour-là, je portais un voile sur la tête. Je lui dis: «Et ce voile?» Elle me dit avec assurance: «Quand même: vous êtes chrétienne!» Je me fis cette réflexion: quelqu'un lui a peut-être demandé de me dire ces paroles pour connaître mon secret. Je lui demandai: «Qui vous a dit que j'étais chrétienne?» Elle pointa le ciel et dit: «Lui!» Et elle ajouta: «Moi aussi, je suis chrétienne comme vous.» Elle leva la main droite qui tenait la canne et me montra son poignet: une grande croix bleue y avait été fraîchement tatouée[13]. J'éprouvai alors repos et paix. J'ai su Qui lui avait demandé de me rassurer. Je Te remercie, ô Dieu de tendresse.

---

[13] Les chrétiens d'Égypte (les Coptes) ont l'habitude de tatouer une croix bleue sur le poignet pour afficher leur appartenance religieuse.

J'essayai de la quitter et de suivre mon chemin, mais elle se mit à pleurer. Je lui en demandai la cause. Elle dit: «Les temps sont durs, les conditions difficiles, et le coeur des gens est devenu très dur.» J'ouvris mon sac, en sortis un petit montant d'argent, le mis dans sa main et m'en allai. Mais après avoir fait deux pas, je me reprochai d'avoir été avare envers cette dame qui m'avait apporté cette bonne nouvelle. Je sortis un montant plus substantiel et me retournai, la cherchant sans la trouver. Je courus en avant, cherchant sa trace, mais en vain... Je compris que c'est Toi qui l'avais envoyée pour me rassurer... Mon Dieu dont la délicatesse est sans borne, Tu me réponds à l'instant. Ô la grandeur de ton amour! Si tout le monde savait combien Tu nous aimes, personne ne serait triste sur la terre.

Je repris ma marche jusqu'à la maison d'Abouna. Ma détermination s'accrut de recevoir le baptême et de devenir réellement chrétienne. Je m'assis en face d'Abouna et lui demandai: «Allez-vous me baptiser, oui ou non?» Il me répondit: «Ne me posez plus cette question, ce ne sera pas avant un an.» Ce fut un choc pour moi. Je n'en croyais pas mes oreilles... Pas avant un an! Abouna peut-il me garantir un an de vie ou même une heure? Peut-il garantir sa vie? Non... Il faut que je trouve un autre moyen.

Je me rendis chez mon amie, comme convenu, pour assister à la réunion d'Abouna Botros. Nous y allâmes tôt et nous assîmes dans la troisième rangée. La prédication avait pour thème le repentir et la conversion à Dieu. Ses paroles étaient admirables, elles nourrissaient le coeur et éveillaient la conscience. Je décidai d'assister régulièrement aux réunions. Après la réunion, nous rencontrâmes Abouna Botros et mon amie lui fit savoir que j'étais de "l'autre bergerie". Comme elle fut grande sa joie. Je n'oublierai jamais ce regard et ce sourire qui se dessina sur son visage tandis qu'il me regardait attentivement.

Au cours de l'une de ces réunions, je rencontrai une collègue de l'école. Elle parlait à la secrétaire d'Abouna Botros. Et la surprise, c'est que cette secrétaire avait été élève dans mon école cinq ans plus tôt, et elle avait passé un mauvais moment parce qu'elle était chrétienne. Me rencontrer à l'église était pour elle une grande surprise; elle ne pouvait s'imaginer me voir en ce lieu. Mais c'était la volonté du Tout-Puissant. Un rendez-vous me fut fixé par Abouna pour le mercredi suivant, après la messe.

Le moment du rendez-vous arriva. Nous nous rendîmes, après la messe, dans une annexe de l'église. Le bureau d'Abouna était au deuxième étage. Je suivis mon amie et nous passâmes devant une porte qui portait l'inscription: "local du baptême". Je m'arrêtai, demandant à Dieu: quand entrerai-je dans ce local? La porte s'ouvrit, deux personnes sortirent du baptistère portant une enfant qui venait d'être baptisée. Je jetai un coup d'oeil à l'intérieur du local... Ô merveille! C'était le même local que j'avais découvert dans ma vision... J'éprouvai un sentiment de repos et de paix et je sus que c'était là que je serais baptisée. Merci, Seigneur. Tu me rassures toujours. Je pressai le pas derrière ma compagne, nous entrâmes chez Abouna. Je pris place en face de lui et commençai à lui raconter ma vision. C'était comme si je la revivais. Abouna se montra très accueillant à mon égard et me fixa un autre rendez-vous pour la fin du mois de juin 1988.

Ma rencontre avec Abouna Botros se renouvela. Je trouvai chez lui tout ce dont j'avais besoin: dévouement, attention extrême, tendresse paternelle et une personnalité forte et ferme. Devant lui je me sentais une enfant et c'était ce que je souhaitais.

Les vacances d'été prirent fin. Le retour des enseignants commença en vue de la préparation de l'année scolaire. Aide-moi, mon Dieu, à accomplir mon travail comme avant. Mais cela est-il possible? J'ai totalement changé... Où est le ton élevé de ma voix qui remplissait le bureau de la direction de mes éclats de rire ou des cris de mes disputes? Je fumais comme une folle... Mon image passée me fait honte. J'utilisais toutes sortes de produits de beauté, les parfums capiteux et les toilettes somptueuses. Maintenant, rien ne m'importe. Je recherche, au contraire, ce qui est modeste et simple. Je ne suis plus la même!

Tout le monde s'en est aperçu et se demande ce qui s'est passé. J'aime tout le monde, je désire rendre service à tous, sans discrimination. J'ai envie d'embrasser tous ceux qui portent ton Nom. Ton amour illumine mon coeur. Il faut que je demande pardon à tous ceux à qui j'ai fait subir un tort. Aide-moi, ô mon Dieu bien-aimé. Tu règnes sur mon coeur et mon intelligence et tous mes sens. Je désire quitter mon travail. Je ne serai jamais plus comme avant. Je T'appartiens entièrement. Tous les chrétiens de l'école sont au courant, ils ont eu la surprise de me voir à l'église. Ce qui est impossible aux hommes est possible pour Toi, ô Tout-Puissant[14].

J'ai eu, un jour, la surprise de voir mon fils entrer dans mon bureau, le visage illuminé par la joie. Il courut vers moi, jubilant: «Maman, j'ai réussi, j'ai obtenu le baccalauréat.» Ce que j'entendais me semblait incroyable. Je pleurai de joie et lui demandai: «Comment cela? Et la matière pour laquelle tu n'étais pas satisfait de tes réponses?» Il saisit ma main et la baisa en disant: «C'est la bénédiction [qui découle] de tes voeux.» Je me souvins aussitôt de la vision: le même visage rayonnant. Je Te remercie, mon Dieu, Toi l'Ami des hommes.

Des jours passèrent, dans l'assiduité aux réunions d'Abouna Botros et la participation quotidienne à l'Eucharistie. Je me sentais croître rapidement et mon désir du baptême augmentait. Chaque fois que je rencontrais Abouna, je lui réitérais ma demande: «Je

---

[14] Cf. Luc 1,37; Matthieu 19,26.

veux recevoir le baptême.» Le mercredi 23 novembre 1988, jour de ma rencontre avec lui, j'eus l'heureuse surprise de l'entendre me dire avec calme: «Êtes-vous prête pour le baptême?» Je jetai un cri: «Bien sûr que je suis prête!» Il me dit en souriant: «Je vous baptiserai mercredi prochain, le 30 novembre 1988, pendant la messe.» Il sortit du tiroir de son bureau une petite feuille de papier sur laquelle il écrivit: «Vous aurez à affronter un combat avec Satan et, pour en triompher, vous devez être assidue à la prière et à la lecture de la Bible.» Je pris le papier et le quittai en courant tandis qu'il me disait: «Ne le dites à personne sauf à votre compagne qui sera votre marraine.»

Je me mis à compter les minutes qui restaient, veillant le jour et la nuit, Te priant ô Tout-Puissant: «Mon Dieu bien-aimé, je Te prie, ne permets pas à l'ennemi du bien d'empêcher ou de retarder mon baptême. Je Te prie, mon Seigneur, exauce ma demande même si elle devait être la dernière: je serai, alors, comblée. Je meurs avec Toi dans le baptême et je revis avec Toi. Je Te promets, mon Seigneur, d'être entièrement à Toi pour le restant de mes jours. Je Te promets de me consacrer à Toi. Je ne serai qu'en Toi, avec Toi et pour Toi.

Des jours lents et pesants passèrent jusqu'à l'aube du mercredi 30 novembre 1988. Je quittai la maison à 6 heures du matin, je volais presque. J'arrivai à l'église, ainsi que ma compagne. Quel matin radieux, beau et grand. C'est ma véritable naissance. Nous montâmes au bureau d'Abouna Botros attendre son arrivée. Tout ce qui m'entourait participait à mon bonheur et semblait s'exprimer. J'entendis le bruit des pas d'Abouna. Je n'oublierai jamais son visage radieux. Il nous salua en me regardant avec amour, tendresse, bonheur.

Nous nous rendîmes au baptistère, nous nous tînmes tous les trois debout face au couchant et fîmes la renonciation à Satan, puis nous nous tournâmes vers l'orient et je professai ma foi en mon Seigneur, mon Dieu et mon Sauveur, Jésus le Messie. Abouna sortit alors du baptistère. Je revêtis la robe du baptême et descendis dans le bassin.

Quel instant que celui où l'eau toucha mon corps. C'était une sensation que je n'avais jamais éprouvée auparavant et que je ne puis décrire... On dirait un courant électrique parcourant mon corps et me donnant une paix que je n'avais jamais ressentie sauf quand j'étais aux pieds du Bien-Aimé. C'est comme si j'étais vraiment à ses pieds. Je désirais demeurer ainsi le plus longtemps possible.

Abouna entra et me demanda: «Avez-vous choisi le nom qui vous sera donné?» Je lui répondis: «Non. Qu'Abouna m'en choisisse un.» Il me dit: «Dieu choisit pour vous le nom de... Que pensez-vous du nom de Fîby?[15]» Je dis: «Fîby... D'accord!» Il posa la main sur

[15] Ce nom est répandu dans l'Église copte: dans la primitive Église, il y avait la "Phoebé" (grec: Phîbi) dont parle saint Paul dans son Épître aux Romains (16,1).

ma tête et dit: «Je te baptise, Fîby, au nom du Père» et il appuya sur ma tête et je descendis sous l'eau. J'ouvris les yeux pour contempler la vue: j'étais dans un cristal spacieux et plein de lumière, je percevais presque des voix élevées et belles... une vue merveilleuse! Je souhaitais demeurer plus longtemps sous l'eau mais... Je remontai et pris une profonde respiration. Abouna appuya sur ma tête en disant: «et du Fils». Je redescendis sous l'eau. Même belle vue et mêmes voix. J'essayai de demeurer plus longtemps, mais je remontai. Je décidai de rester cette fois plus longtemps sous l'eau et respirai plus profondément. Pour la troisième fois, Abouna appuya sur ma tête en disant: «et du Saint-Esprit». J'essayai de remplir mes yeux de cette belle vue et d'entendre ces voix merveilleuses, jusqu'au point d'étouffer, presque, sous l'eau. Je dus remonter. Abouna me dit: «Demandez à Dieu le don de l'Esprit Saint.» J'étais debout dans l'eau, priant: «Mon Dieu bien-aimé, tendre et plein de prévenance, donne-moi ton Esprit Saint, comme Tu en as fait le don à tes saints disciples et apôtres et Tu leur as donné ta paix. Fais-moi la grâce de ton Esprit.» Je ressentis le toucher du Bien-Aimé. À Toi, mon âme, ma vie. Tout ce qui m'appartient est à Toi. Je T'ai promis de Te consacrer ma vie et voici: je T'abandonne ma vie et mes jours. À quoi suis-je utile sur terre si je ne suis pas à Toi?

Abouna me fit ensuite l'onction du saint chrême sur le visage et la paume des mains. Il sortit pour me laisser m'habiller. Quels sentiments m'inondent! Oui, mon Dieu bien-aimé, maintenant je sais et je comprends. J'ai touché par moi-même cette réalité du baptême. C'est un grand sacrement qui dépasse toute définition. Qui suis-je maintenant? Tout est différent. Je suis morte avec Toi et ressuscitée avec Toi. Je suis en Toi et pour Toi.

Une année s'est écoulée depuis mon premier acte de foi. Mais aujourd'hui tout est nouveau. Maintenant, après avoir lu longuement le Saint Évangile, je découvre à chaque mot une profondeur nouvelle. C'est maintenant que je vis tes paroles éternelles. Je les comprenais, mais maintenant, je touche et je sens. Combien Tu es puissant, ô mon Dieu! Que tous le sachent. «Goûtez et voyez comme est bon le Seigneur!»[16] La voix du Bien-Aimé se fit entendre en moi: «Maintenant, tu seras capable de parler.» Bienheureuse permission qui brise mes liens. Rien ne m'importe. S'ils me tuent, j'arriverai plus vite chez Toi. Et avec Toi, je ne désire rien. Je parlerai, je parlerai, je ne cesserai de parler, en tout lieu, en tout temps, chaque fois que l'occasion m'en sera offerte.

Je sortis du baptistère, la chambre de ma vraie naissance. Je me dirigeai vers l'église pour la communion. Quel grand jour lumineux. Combien j'ai désiré cet instant. J'avais l'impression, en marchant, d'être une mariée dont on célèbre les épousailles et que l'on accompagne vers son époux. Un grand cortège me suit, je le vois à peine mais j'entends le bruit des pas. Ils

---

[16] Psaume 34,9.

chantent avec joie et d'une belle voix. Mes pieds ne touchent pas le sol, mes pas sont en l'air, je vole. Je m'arrêtai devant Abouna pour la communion. Un beau rêve, depuis si longtemps caressé, devenu réalité. J'ouvris la bouche et reçus la communion... Ô merveille! C'est un morceau de chair dans ma bouche... Que faire? Je dois l'avaler. Je le fis. Puis j'ai communié à ton précieux sang[17]. Ô la puissance de ton amour, mon Dieu! Qui de nous mérite de manger ton corps et de boire ton sang! Quelle bouche mérite cet honneur, que Tu demeures en nous... Tu donnes selon la richesse de ta gloire. Mon Dieu, demeure dans le tréfonds de mon être pour dissiper mes ténèbres par ton admirable lumière[18] et afin que ce ne soit pas moi, mais le Christ qui habite en moi...[19] Je comprends maintenant la parole de l'Apôtre Paul: «Vous avez revêtu le Christ»[20].

Qu'il est suave de parler de Toi. Qu'il est beau et précieux, le temps passé avec Toi. Il n'existe pas sur terre une force qui puisse m'empêcher d'être près de Toi. Maintenant ma vie a un sens. En moi, brûle un feu dont l'ardeur est croissante. Puissent tous les êtres humains ressentir ce que je ressens... Je ne craindrai

---

[17] C'est à travers le *signe* du pain et du vin que le baptisé communie à la *réalité* du corps et du sang du Christ (cf. Jean 6,51-69; Première Épître de S. Paul aux Corinthiens 10,16; 11,23-29).

[18] Cf. Première Épître de S. Pierre 2,9.

[19] Cf. Épître de S. Paul aux Galates 2,20.

[20] Ibid. 3,27; cf. aussi Romains 13,14.

pas... Je ne m'arrêterai pas... Je ne dirai pas: cela suffit... Tu es avec moi, Tu me fortifies et me soutiens.

Partout, je suis allée parler du Bien-Aimé. J'ai enregistré cinq cassettes [de témoignages]. Ah! si les gens savaient ce que je ressens lorsque Toi, le Tout-Puissant, Tu te sers de ma pauvreté pour glorifier ton Nom! Et quelle est ma joie quand je suscite une réponse chez ceux à qui je parle! Combien plus grande est ta joie lorsqu'un pécheur retourne à ton sein miséricordieux.[21] Par contre, je ne puis décrire l'amertume que je ressens lorsque je rencontre la dureté du coeur. À plus forte raison, Toi, face à l'indifférence de ceux qui sont l'ouvrage de tes mains, et qui ne Te connaissent pas alors que Tu as compté les cheveux de leur tête[22]. Ils ne Te veulent pas alors que Tu veux que tous soient sauvés et parviennent à la connaissance de la vérité[23]. Mais Toi, mon Dieu, Tu es leur Père... Tu es la Source de la miséricorde et de la tendresse. Il faut qu'arrive le jour où tous sauront que Tu es le Seigneur Dieu, l'Ami des hommes.

Mon Dieu, viens au secours de ma faiblesse, et pardonne-moi mes péchés. Garde-moi dans la foi jusqu'au dernier soupir. Je Te remercie, Toi qui as

---

[21] Cf. Luc 15,7.
[22] Cf. Matthieu 10,30.
[23] Cf. Première Épître de S. Paul à Timothée 2,4.

échangé mon coeur de pierre contre un coeur que Tu habites.[24] **C'est là l'oeuvre admirable du Seigneur en moi.** Il est fidèle à ses promesses avec ceux qui L'aiment de tout leur coeur.

---

[24] Cf. Ézéchiel 36,26-27.

IV

MON CHEMIN DE CROIX

Qu'elle est belle la vie avec Toi! Bien des jours passèrent, la prévenance et l'amour d'Abouna Botros m'accompagnant. J'étais assidue à la prière et à la communion eucharistique quotidienne. Je suis tout désir pour Toi. Mon travail est devenu un pesant fardeau. Je dois faire un grand effort pour paraître telle que j'étais. Mais comment? Comment cacher ce qui m'habite...! Tout le monde commençait à me demander ce que j'avais: «Vous avez changé!» Oui! Comment voiler ta présence qui illumine mon tréfonds de son admirable lumière? Tu m'as transformée. Mon apparence a changé... et ma voix... et même mon toucher... Tu as pris possession de mon coeur et de ma raison. Aide-moi, mon Seigneur, à tenir jusqu'à la fin de l'année scolaire.

L'année 1988 s'est terminée, l'année de ma nouvelle naissance, et 1989 est arrivée. J'ai accueilli l'an nouveau à l'église. Et le 7 janvier, fête glorieuse de Noël, je me tins entre tes mains généreuses, Te rendant grâce et Te glorifiant. Un an est passé depuis ta chère vision. Tu me manques! Je désire Te revoir. Je fermai les yeux en disant: Seigneur, prends pitié. Et tout à coup, Te voici, mon Dieu, debout devant moi... Ta poitrine est nue et tes mains sont clouées sur la croix et Tu saignes. Sur ta tête, une couronne d'épines, on dirait qu'elles s'enfoncent dans ton front et tes joues[1], et le sang coule... il couvre ta Sainte Face. Tes cheveux aussi et ta barbe sont mouillés par le sang. Tu tournes ton visage à gauche et à droite pour que je voie clairement les plaies de ton visage couvert de sang. L'acuité de ta souffrance et de ta réaction fait apparaître clairement les vaisseaux sanguins, les capillaires, comme éclatés. Tout cela, je l'ai vu en un instant, dans une parfaite clarté: le sang couvrant ton visage, les yeux enfoncés dans les orbites par l'intensité de la souffrance et l'épuisement. Mon coeur a failli se fendre de douleur, je ne pus supporter. J'ai jeté un cri étouffé et j'ai ouvert les yeux. Mais ton image est devant moi... Toutes ces souffrances pour nous... J'ai vu de mes yeux et ce que j'ai vu est indescriptible et insupportable pour l'être humain. Mais Toi, Tu l'as supporté, ô Bien-Aimé!

---

[1] Ce trait peut paraître surprenant. Il confirme ce que l'archéologie peut nous apprendre du couronnement d'épines. La couronne n'était pas circulaire. C'était "une espèce de calotte formée de branches épineuses tressées et non un bandeau." Cette calotte était enfoncée à coups de bâton et fixée autour de la tête par un lien. Voir: Dr Pierre Barbet, La Passion de Jésus-Christ selon le chirurgien, Mediaspaul, Paris, Editions Paulines, Montréal, 1986, p.126 à 130. Ce n'est donc pas étonnant que Nahed ait vu les épines enfoncées dans le front ***et les joues*** du Christ.

Le lendemain matin, je suis allée informer Abouna de ce que j'avais vu. Son regard me révéla le sens de ma vision. Il me regarda avec la tendresse d'un père compatissant et dit: «Le Christ veut vous faire savoir combien Il a souffert pour vous.» Je compris que je devais souffrir à mon tour pour Lui. Il faut porter la croix. Mais aide-moi, ô Dieu compatissant, fortifie-moi, viens au secours de ma faiblesse.

Une année ne s'écoulait jamais sans que j'aie un accident, ou une intervention chirurgicale majeure ou une maladie grave. Je frôlais toujours la mort et Tu m'en sauvais par miracle. Mais l'année 1988 s'est écoulée sans incident de ce genre. Je me suis prosternée devant Toi, ô Bien-Aimé, Te rendant grâce pour ta protection et ton amour. Ta voix affectueuse se fit entendre dans ma poitrine[2]: «Ne pense pas que Je voulais te faire souffrir. Non! Mais Je voulais t'entraîner à la patience et à l'endurance.» Endurance... Sans doute, les souffrances s'en viennent. Je me rappelai aussitôt la parole de l'Apôtre Paul: «Il vous a été fait la grâce, non pas seulement de croire au Christ, mais encore de souffrir pour Lui.»[3]

---

[2] Dans les rencontres de témoignage, Nahed a été amenée à préciser que, lorsque Dieu lui parlait, elle entendait sa voix comme venant de l'intérieur d'elle-même et cette voix créait en elle et autour d'elle un silence total.

[3] Épître aux Philippiens 1,29.

J'ai appris, Seigneur, que Tu es un Dieu tendre, miséricordieux et plein de compassion. Toute cette longue préparation pour moi! J'étais une épouse très attachée à son époux et mère de trois enfants. Je voyais l'univers entier à travers mes enfants. Mon travail, mon école, était mon royaume, je m'y étais couronnée reine. Il ne m'était jamais venu à l'esprit qu'il y avait Quelqu'un que j'aimerais plus que le monde et ceux qu'il contient. Mais je le dis maintenant: il n'y a rien sur terre qui vaille une larme de celles qui ont coulé abondamment de tes yeux. Tu as agi en moi, mon Dieu tout-puissant, avec patience et longanimité. Que Tu es grand!

Je me suis mariée en 1964 et mon mariage dura jusqu'en 1983. Il était absolument impossible que mon mariage se terminât aussi simplement et que je fusse maîtresse de la décision de nous séparer. En vérité, ce n'était pas moi, mais Lui. C'était le dessein du Tout-Puissant[4].

En 1980, plus précisément en avril, j'eus une grave hémorragie et je dus être transportée à l'hôpital de l'Université de ‘Aïn Shams où ma soeur travaillait. Je subis une intervention chirurgicale pour arrêter l'hémor-

[4] Nahed voit dans sa séparation légale d'avec son mari, une étape providentielle vers son accès au christianisme, la femme musulmane, dans certains milieux, ne jouissant d'aucune autonomie par rapport à l'homme, son père, puis son mari. En étant légalement divorcée, Nahed a pu se retirer dans son appartement privé et se préparer au baptême.

ragie et une biopsie de l'utérus fut pratiquée qui révéla l'existence de tumeurs cancéreuses dans la paroi externe de l'utérus. Il fallait pratiquer l'ablation immédiate de l'utérus pour éviter la dissémination des tumeurs vers le péritoine. L'hystérectomie eut lieu dimanche, le 20 avril 1980. J'étais dans un très mauvais état de santé par suite de l'hémorragie. Je fus admise dans la salle des opérations à 9 heures du matin et j'en sortis à midi. L'acuité de la douleur était telle que le médecin m'administrait un anesthésique chaque fois que je reprenais connaissance. Cet état dura jusqu'à 10 heures du soir.

Je revins à moi pour ressentir que je descendais graduellement dans un trou noir et nauséabond d'où sortaient des gémissements et des pleurs. Je voulus crier pour appeler au secours les personnes qui m'entouraient mais je n'eus pas la force de parler et finalement je perdis connaissance. La direction de l'hôpital renvoya mes proches et mon mari et je fus transférée dans la salle des soins intensifs. Elle demanda à mon mari de laisser un numéro de téléphone pour le rejoindre en cas de décès. Mais le Tout-Puissant me tendit la main et m'arracha à la mort.

J'ouvris les yeux aux premières lueurs du lundi pour trouver le médecin en train de tâter l'endroit de l'opération. J'essayai de réunir mes forces pour crier. Il entendit enfin ma voix. Je vis autour de moi des personnes qui jubilaient car elles m'avaient comptée au nombre des morts. Mais c'était la volonté de Dieu. J'attendis le matin, toute heureuse d'annoncer moi-même à mon mari que j'étais encore vivante. Tout le monde se pressait autour de moi, mes soeurs, mes beaux-frères, mes proches. Tous étaient présents sauf mon mari. J'éprouvais inquiétude et perplexité et je me dis qu'il avait peut-être été atteint d'un malaise à cause de mon état. Je le fis demander, mais il était introuvable... Il était parti à son travail! Mais comment avait-il pu s'en aller sans prendre de mes nouvelles? Je fis taire en moi une souffrance plus vive que celle de l'opération. En fin de compte, il arriva et m'apprit que mon aspect avait fatigué ses nerfs et qu'il avait craint que ma mort lui donne un choc. Il était donc allé au travail pour changer d'atmosphère! Mais comment avait-il pu me laisser entre la vie et la mort et s'en aller travailler? Je me dis alors qu'après avoir tué mes sentiments il ne m'aurait plus comme épouse... Et ce fut ainsi jusqu'à ce que j'obtins, par miracle, le divorce en 1983.

Je me rappelai aussi... Je marchais avec mon fils, je lui prenais le bras: il était grand de taille. J'évoquai avec tendresse, pour un moment, le passé. Je regardai mon fils, admirant sa beauté: il est au centre de ma vie... Et voici qu'un adolescent d'une quinzaine d'années, à bicyclette, est obligé, pour éviter une voiture, de toucher légèrement mon épaule. Je m'envolai comme si je ne pesais que cinq kilogrammes pour retomber assise sur mon pied tordu sous mon poids. Ma cheville enfla aussitôt et je fus incapable de bouger le pied. Je souffrais terriblement.

Mon fils me transporta en taxi à la réception de l'hôpital d'Héliopolis. Les radiographies, grâce à Dieu, ne révélèrent qu'une simple fissure des ligaments et des muscles et une hémorragie interne. Le médecin me conseilla de mettre au repos la cheville pour une période d'au moins dix jours et d'appliquer des compresses pour arrêter l'hémorragie. Je devais aussi garder ma jambe levée, autrement l'hémorragie interne risquait de s'aggraver et les ligaments et les muscles, de ne pas se souder. J'habitais au cinquième étage et l'édifice n'avait pas d'ascenseur. Je vivais seule et n'avais personne pour me servir. Je décidai d'aller chez mon frère qui habitait un rez-de-chaussée. Sa femme était une personne de haute moralité et n'hésiterait pas à me servir. Mon fils m'y amena.

Deux jours passèrent. L'acuité de la douleur me tenait éveillée jour et nuit. Mais je ressentais une douleur encore plus vive: j'étais loin de la Sainte Bible et de l'église où je m'étais habituée à aller prier chaque jour. La troisième nuit, je m'assis, priant: «Mon Dieu bien-aimé, pardonne-moi. Comment ai-je pu mettre la main à la charrue et regarder en arrière?[5] Je sais que j'ai péché[6]. Je T'en prie, pardonne-moi et éloigne de moi ces douleurs.» Je mis la main sur mon pied et je dis:

[5] Cf. Luc 9,62.

[6] Pour Nahed, son péché a consisté à regarder en arrière lorsqu'elle s'est attendrie sur son passé de mère. L'accident qu'elle a eu à ce moment était comme un rappel des exigences de la vocation apostolique.

«Par ton Nom, Seigneur, par le Nom de Jésus Christ, le Béni, le Grand, enlève-moi ces souffrances insupportables.» J'eus une sensation de paix et de calme et un désir de dormir. Je sombrai dans un profond sommeil.

Le lendemain matin, ma belle-soeur me réveilla à 9 heures en disant: «Qu'est tout ce sommeil?» Je regardai mon pied... La douleur avait disparu, plus d'enflure, plus rien d'anormal, mais comment cela? Comment plutôt m'étonner quand j'ai demandé au Nom de Jésus Christ?[7] Au Nom de Jésus Christ, toute prière est exaucée. Gloire à Dieu, le Père de notre Seigneur et notre Dieu Jésus Christ. Mes enfants vinrent prendre de mes nouvelles et me trouvèrent debout. Ô merveille! Je me tiens sur mes pieds comme si je n'avais rien. Mon fils cria: «Que fais-tu? Pourquoi es-tu debout quand le médecin a ordonné...» Je l'interrompis: «Je n'exécuterai pas l'ordre du médecin. Et qui est le médecin? Allons! Je m'en vais dans mon appartement privé.» Tous protestèrent mais je n'en eus cure.

Je m'en fus à mon appartement et voulus prendre un bain: ce fut la surprise... Sur la plante du pied accidenté, je découvris la marque d'une petite croix... Ô merveille! C'était l'endroit de l'hémorragie interne. Maintenant je sais et je comprends. Pardonne-moi, mon Dieu bien-aimé, je ne regarderai plus en arrière. Comment, lorsque ta main bénie est avec ma main sur la charrue, comment puis-je regarder en arrière... Par-

---

[7] Cf. Jean 14,13-14; 16,23-24; Actes des Apôtres 3,6-8.

donne-moi... Je T'aime plus que tout... Non... Ton amour ne se compare à rien de ce qui existe. Je suis entièrement à Toi et ne serai qu'à Toi. La croix demeura pendant trois semaines jusqu'à la guérison complète du pied.

L'année scolaire était sur le point de se terminer et les examens de fin d'année, de commencer. Je fais un effort pénible pour paraître naturelle... J'accomplis mon devoir mais je me sens étrangère en ce monde. Non! Je ne pourrai pas endurer, il faut que je quitte mon travail. Mais... Aide-moi, mon Dieu. Tous me regardent d'une manière différente et s'interrogent sur la cause de ce changement étrange et radical. Même la directrice de l'école, qui était mon amie, s'est maintenant éloignée de moi. Tout est totalement changé.

Un jour, une travailleuse sociale entra dans mon bureau. Elle pensait que j'étais psychiquement malade... Elle se mit à me poser des questions: «Qu'avez-vous? Personne n'entend votre voix... Où est la Nahed que nous connaissons?» Je souhaitais lui répondre: «Elle est morte Nahed que vous connaissez, et celle qui est en face de vous est la fille du Christ.» Je lui répondis: «J'ai mieux connu Dieu et c'est pourquoi j'ai changé. Suffit, le temps perdu de ma vie passée... Je veux une vie nouvelle.» Bien entendu, ma réponse ne lui plut pas. Elle ajouta: «Avez-vous un problème ou quelque chose qui vous ennuie? Parlez, peut-être trouverons-nous ensemble la solution.» Je lui répondis calmement: «Est-ce que ma sérénité indique l'existence d'un problème ou de quelque chose qui m'ennuie?» Elle me dit avec admiration: «Non! Votre visage est radieux et votre santé semble s'être améliorée. Mais il y a un secret qui vous a totalement changée.» Je lui dis: «Il me suffit que vous me décriviez de cette manière... Rassurez-vous, il n'y a pas de problème et je n'ai rien qui m'ennuie; je vous remercie pour vos sentiments.» Personne ne comprendra ce que j'ai... sauf celui qui a fait l'expérience de ton admirable amour.

Les jours passèrent, lents et pesants... Mais je Te remercie, ô Tout-Puissant... L'année scolaire s'est terminée dans la paix et les vacances d'été ont commencé. J'irai en tout lieu, matin et soir [parler de Toi]. Mon temps est tout à Toi. Mes amis chrétiens commencèrent à me rendre visite chez moi. Nous passâmes des moments merveilleux dans l'étude de la Bible, le chant et la prière...

Je ne pouvais jamais m'attendre à ce que quelqu'un épiât mes mouvements: qui me rend visite? quand je sors et quand je reviens et avec qui? C'était le propriétaire de l'immeuble. Il commença à invectiver ceux qui me rendaient visite: «Je sais pertinemment qui vous êtes.» «Beaucoup d'entre vous la visitent avec assiduité.» «Beaucoup de votre espèce s'informent à son sujet.» Il faut que je change de domicile. Mais comment? Ce n'est pas chose facile... J'essayai d'oublier ce problème et de jouir de ma vie avec le Bien-Aimé.

Le matin du samedi 10 juin 1989, je partis avec quelques amis rendre visite au monastère d'Amba Bishoï[8]. Quelques moines me demandèrent d'enregistrer pour eux une cassette dans laquelle je ferais le récit de ma merveilleuse rencontre avec le Seigneur de la Gloire et de l'action puissante de notre Dieu en moi. Je devais y mentionner mon nom et le nom de tous ceux dont le Seigneur s'était servi pour me conduire à Lui. J'acceptai et la cassette fut enregistrée avec la promesse qu'elle resterait dans le secret le plus absolu et ne quitterait pas le monastère.

Les vacances d'été prirent fin et le retour des enseignants fut amorcé en vue de la préparation de l'année scolaire. Le premier jour où je me rendis à l'école et dès le premier instant où j'en franchis le seuil, je fus envahie par un sentiment d'anxiété. Quelque chose m'oppressait au point que je n'arrivais pas à respirer. Après quelques instants, je fus accueillie par des regards dégoûtés et moqueurs qui m'étonnèrent. Comment osent-ils, eux qui craignaient de se tenir à la porte de mon bureau? Ils me lancent ces regards? Quelques-uns m'adressaient des paroles dont je ne saisissais pas le sens: «Elle a perdu ce monde et l'autre!» «Elle est maudite jusqu'au jour du jugement!» «La tuer c'est [faire oeuvre de] miséricorde!»

[8] Un des quatre monastères de Wadi El-Natroun. Voir la note N° 6 du chapitre précédent.

Je me dis: «Il faut que j'en sache la raison.» Je me rendis au bureau d'une sous-directrice musulmane: peut-être saurai-je ce qui s'est passé? Mais dès qu'elle m'aperçut, elle détourna son visage avec colère. Je lui dis: «Qu'avez-vous... Pourquoi m'accueillez-vous de cette manière?» Elle me répondit avec étonnement: «Qu'avez-vous! Ignorez-vous ce que j'ai?» Je lui dis: «Croyez-m'en! Je l'ignore.» Elle répondit: «Je ne vous crois pas. Jurez que vous ne le savez pas.» Je lui dis: «Moi, je ne jure pas et n'expose pas le Nom de Dieu au serment.» Elle s'écria: «Et connaissez-vous Dieu?» Je lui dis: «Bien sûr que je connais Dieu: La Ilâha illAllah![9]» Elle hurla dans mon visage, me défiant: «Achevez [votre profession de foi]». J'essayai de faire semblant de ne pas comprendre et je montrai de la colère: «C'est assez! Je le regrette, il n'y aura plus de dialogue entre nous.»

Je la quittai en hâte pour retourner à mon bureau... J'ai tout compris... Mais comment ont-ils su? Je suis sur le point de perdre la raison. Quelques instants plus tard, une collègue chrétienne vint à mon bureau et m'informa que l'une de mes cassettes enregistrées où je mentionnais mon nom au complet ainsi que le nom de Samia, de Moufîd et de quelques autres s'était répandue chez les chrétiens et les musulmans, et c'est ainsi que tout le monde était au courant...! Mais com-

[9] Littéralement: «Pas de dieu sauf Dieu», première partie de la profession de foi musulmane, commune à tous les monothéistes, la deuxième partie étant: «Mohammad est l'envoyé de Dieu».

ment cette cassette a-t-elle été diffusée avec cette rapidité alors qu'il ne s'est écoulé, depuis son enregistrement, que trois semaines, exactement vingt et un jours? Et où est celui qui s'était engagé à la garder dans le secret absolu? Et comment est-elle arrivée entre les mains des musulmans? Je commençais à m'effondrer... Que faire maintenant? Je ne peux supporter de demeurer à l'école un seul instant.

Je courus à mon appartement. Ma blessure était profonde. J'étais dans le désarroi. Je me jetai entre tes mains bienfaisantes. Mon Dieu bien-aimé, que dois-je faire? Tu sais qu'à l'école ils essaieront de m'agresser. Je ne puis supporter les regards qu'ils me lancent, ni les mots qu'ils m'adressent. Viens, Seigneur, au secours de ma faiblesse. Et ta réponse vint, ô Tout-Puissant: «Présente ta démission et change de domicile... Personne n'osera t'agresser, ni te toucher.»

Merci, mon Dieu bien-aimé, Tu es toujours avec moi. Tu me réponds. La démission est chose facile, mais le changement de domicile? Non, je ne me ferai pas de soucis. J'ai confiance en ta Providence. Je commençais à me ressaisir. Je me rappelai: il y a, aujourd'hui, une réunion; il faut que j'y assiste. J'y trouverai peut-être une parole de réconfort ou un message de la part du Seigneur. Et, de fait, j'y rencontrai une de mes amies qui me présenta un parent, l'ingénieur 'Ayyâd, un homme de foi, plein de finesse. Il me demanda: «Êtes-vous à l'aise dans votre appartement?» Je compris qui m'avait conduite à cette réunion et pourquoi. C'était mon Dieu très bon. Je fis savoir à 'Ayyâd que je voulais changer de domicile et habiter chez des chrétiens. Il se réjouit de l'idée et m'informa qu'il connaissait deux frères, agents immobiliers. Ils avaient un immeuble nouvellement construit dans lequel un petit appartement était disponible. Il me demanda un délai de deux jours.

Le lendemain matin, je me rendis à l'école et présentai ma démission. La directrice l'accepta avec une étonnante facilité. Je me rendis à la direction de l'Enseignement, au bureau du directeur général qui l'accepta lui aussi et l'envoya, le jour même, au premier sous-secrétaire d'État [à l'Éducation]. Je sentis ta main, ô Tout-Puissant, qui imprime le mouvement selon tes desseins. Gloire à Toi! Je me mis à prier: «Mon Dieu, viens au secours de ma faiblesse. Fortifie-moi et aide-moi pour que je ne les craigne pas. Fais que ce soit eux plutôt qui me craignent. Ferme leur bouche et aveugle leurs yeux afin qu'ils ne me voient pas. Fais-moi tenir devant eux avec ta force et ton soutien jusqu'à ce que ma démission soit acceptée et que l'accord du ministère me parvienne.»

Le lendemain soir, l'ingénieur 'Ayyâd me contacta pour me dire que les deux frères avaient accepté que j'habite chez eux dans un immeuble de cinq étages sur la terrasse duquel était aménagé un petit appartement de deux chambres et un salon. Il me fixa un rendez-vous pour visiter l'appartement. J'ai failli voler de joie et m'y rendis. C'était un bel appartement dont la construction n'était pas achevée. Ils me promirent qu'il serait prêt moins d'un mois plus tard. Je regardai tout autour et trouvai l'église de la Sainte Vierge Marie. Je fermai les yeux pour prier. J'eus l'impression que deux hommes me tenaient par les bras et essayaient de me précipiter dans le vide. J'ouvris vite les yeux mais ne trouvai personne. Quelle terreur... Que m'était-il arrivé? Cette sensation découlait-t-elle de l'intensité de ma joie? Je fis taire mes sentiments et m'en allai.

Je décidai de retourner à l'appartement sous le prétexte de suivre les travaux. J'eus la même sensation avec plus de clarté et de force, en sorte que j'ai failli crier. Mais que faire? Je partis calmement et, sur le chemin du retour, je criai vers Toi, ô Bien-Aimé... Je ne comprends pas le sens de cette sensation. Que veux-Tu me dire? Je dois en informer Abouna Botros. Peut-être trouverai-je auprès de lui le sens de cet incident.

J'allai à l'église. Où est Abouna Botros? Personne ne le sait. Les rumeurs se contredisaient. Certains prétendaient qu'il était en congé, d'autres, qu'il était malade. Mais j'avais le sentiment que la situation était plus grave. Quelques instants plus tard, une servante provoqua en nous un choc cruel: Abouna Botros était, depuis deux jours, à la Sécurité de l'État. Je pleurai amèrement. Il représentait pour moi le sein paternel. Je trouvais chez lui la réponse à toute question: je déposais mes problèmes entre ses mains fidèles. J'ai aimé le Christ qui habite le fond de son coeur et de son âme. Mais il n'y a rien à faire maintenant. Je dois prier pour lui. Ô Dieu de tendresse, aide-le et fortifie-le. Envoie-lui le secours. Je sais que, par ta grâce, il est fort. Aide-moi à supporter ce choc... d'être privée de lui.

Je ne commençai à me ressaisir que lorsque j'appris qu'Abouna Botros était retourné à son domicile et qu'il résidait maintenant dans un monastère.

Le temps de mon déménagement dans le nouvel appartement approchait. Le sentiment de terreur ne cessait de croître. Mais je ne pouvais faire marche arrière. J'informai le propriétaire de l'immeuble où j'habitais que j'allais quitter mon logement et je commençai à rassembler mes affaires. Pendant que j'étais perplexe, l'ingénieur 'Ayyâd me contacta pour me dire qu'il voulait me rencontrer au plus vite. Il m'apprit, alors, que les propriétaires de mon nouvel appartement voulaient me rencontrer. Nous allâmes les voir et ce fut un choc terrible. L'un d'eux me dit: «Je m'excuse! Je ne puis vous louer l'appartement.» Je criai de douleur: «Pourquoi?» Il me dit: «J'ai pris conseil auprès d'un ami à la Sécurité de l'État et il m'a averti: "Garde-toi d'aider Nahed de quelque façon que ce soit. Elle a un dossier à la Sécurité de l'État et toute personne qui lui fournira une aide devra en assumer la responsabilité."»

Le choc était grand. Je me rappelai aussitôt ce sentiment dont j'étais saisie chaque fois que j'allais dans cet appartement. Mais, être précipitée du haut de l'immeuble eût été moins cruel que cette souffrance. Je rentrai chez moi brisée, affaiblie. Je me jetai dans ton sein miséricordieux: «Mon Dieu, ma blessure est plus profonde que ce que je puis endurer... Envoie-moi vite un secours, fortifie-moi et aide-moi à supporter.» Ta voix affectueuse se fit entendre dans mon coeur: «Ce qui est arrivé est dans ton intérêt, tu le verras plus tard. Maintenant, calme-toi et demain tu trouveras la solution dans ta visite au monastère.»

Le lendemain matin, je partis pour une tournée des monastères de Wadi El-Natroun. Je rencontrai l'ingénieur Samir. C'est un homme de foi et d'une grande délicatesse en qui habite la grâce du Christ. Quand il apprit ce qui m'était arrivé, il me dit: «Un appartement est disponible à Madinet Nasr[10], mon cousin en est le propriétaire. Il veut le vendre et il a fait paraître une annonce dans un journal. Il n'y a pas là de "responsabilité"». Nous convînmes d'un rendez-vous pour connaître la réponse du propriétaire.

Je me remis à Te glorifier, ô Bien-Aimé. Mon Dieu, Tu es Toi[11] comme Tu m'y as habituée. Tu tends la main pour essuyer nos larmes et panser nos plaies. Qu'ils sont grands tes desseins. J'ai saisi le sens de ce sentiment de terreur: tous savaient où je comptais habiter et c'est pourquoi Tu m'as empêchée de m'y

---

[10] Banlieue nord-est du Caire.

[11] Tu es Toi: Dieu est Dieu, Celui qui est, le Dieu fidèle.

rendre. Mais maintenant, personne ne connaîtra ma nouvelle adresse.

Je rencontrai Samir, l'achat de l'appartement fut conclu et je reçus les clés. C'est un appartement composé d'une chambre et d'une grande salle de séjour dans les habitations coopératives du quartier numéro dix de Madinet Nasr. Le prix me convenait. Je Te remercie, Seigneur compatissant. Tu choisis toujours pour nous le meilleur. Tu as pourvu au prix de l'appartement. Le site est très éloigné, les habitants, rares. Samir entreprit quelques arrangements et l'installation d'un compteur électrique car j'étais la première occupante de l'appartement. Je T'ai demandé, ô Bien-Aimé, que l'acceptation de ma démission par le ministère me parvienne en même temps que mon transfert dans le nouvel appartement pour que je ne sois pas obligée de me rendre du quartier numéro dix à Helmiet El Zaytoun. Et ta réponse vint: «Ce que tu demandes arrivera à la fin du mois d'août 1989.»

Je décidai de m'installer dans le nouvel appartement après que Tu eus rempli mon coeur de ta paix. Moufîd vint avec une voiture de transport ainsi que Samir et un troisième ami. Comble-le, Seigneur, de toute bénédiction. Garde-le de tout mal. Je sortis de la zone de 'Aïn Shams en paix, après y avoir passé quinze mois. Et le lendemain matin, je me rendis au ministère. Le directeur du bureau du premier sous-secrétaire d'État [à l'Éducation] me dit: «Félicitations, Nahed, votre démission a été acceptée.» Il ne m'était jamais venu à l'esprit que je présenterais un jour moi-même ma démission et que je serais remplie de joie par son acceptation! Je n'ai de joie qu'avec Toi. Je pris le décret et me rendis à la direction de l'Enseignement et tes mains, ô Bien-Aimé, arrangeaient rapidement toutes choses.

Je me rendis à l'école pour mettre au courant Moufîd et Samia. Je m'assis à mon bureau pour la dernière fois. La pièce est très chic, un tapis vert en recouvre le sol. Les murs sont blancs ivoire, la fenêtre, verte comme le tapis. Elle contient trois bureaux somptueux, le mien, celui d'une sous-directrice musulmane qui ne travaillait jamais là parce qu'elle ne m'aimait pas et un troisième bureau qui était occupé à tour de rôle par deux enseignantes qui m'aidaient dans ma tâche. Il y avait mon armoire et un grand coffre neuf pour enfermer les questions d'examens et la machine à imprimer. Je regardai autour de moi pour la dernière fois et me dis: combien j'étais fière de ma personne et de mon intelligence! Combien j'ai lutté pour que les tâches les plus importantes soient sous mon contrôle. Combien de comportements peu honorables j'ai adoptés pour être toute en tous. Quelle naïveté: maintenant je quitte tout. Avec Toi je ne désire rien. Oui, tout n'est que déchet. J'ai compris la parole de l'Apôtre Paul et sa profondeur[12]. Et maintenant je proclame avec force que lorsque nous tombons amoureux de Toi, ô Bien-Aimé, et que nous découvrons la mesure de ton amour pour nous, tout devient facile. Toute chose est comme n'étant pas, Tu es toute chose...

Moufîd vint s'asseoir près de moi comme d'habitude. Je sens qu'il est mon fils. Je le regardai et me souvins de la question que je lui avais posée: «Pourquoi, Moufîd, m'avez-vous supportée pendant tout ce temps alors que ma langue était acerbe et que je ne tenais aucun compte des sentiments des autres?» Il m'avait répondu: «Je vais tout vous dire: Il y a environ deux ans, lorsque vous avez soumis à l'enquête quatre étudiantes chrétiennes et deux responsables de l'enseignement religieux chrétien à cause du journal mural, je priais Dieu, pleurant et disant: Pourquoi, Seigneur, laisses-Tu une femme pareille outrager tes enfants et les terroriser? Je m'endormis et je me suis trouvé marchant dans une forêt aux arbres desséchés qui paraissait sans vie. La terre craquait de soif, elle se fendillait à cause de la sécheresse: un spectacle rebutant. Et soudain, des feuilles vertes et toutes fraîches apparurent avec une étonnante rapidité sur un grand arbre dont les branches s'étendirent jusqu'au ciel. Je me tins devant l'arbre,

---

[12] Nahed fait ici allusion à l'Épître aux Philippiens 3,8: «Désormais je considère tout comme désavantageux à cause de la supériorité de la connaissance du Christ Jésus mon Seigneur. À cause de lui j'ai accepté de tout perdre, je considère tout comme déchets, afin de gagner le Christ».

m'émerveillant de sa beauté. Un arbrisseau sortant du grand arbre reverdit à son tour. Je me mis à contempler les deux arbres et à dire: tes oeuvres sont grandes, Seigneur, mais je ne comprends pas ce que signifient ces deux arbres. J'entendis alors une voix puissante qui me dit: "Reste aux côtés de Nahed et soutiens-la, et demain, tu verras Dieu en Nahed."

«Je me réveillai rempli de stupeur: Est-ce croyable que Nahed devienne un arbre fécond et que je glorifie Dieu en elle? Mais c'était l'ordre de Dieu et je devais l'exécuter. Je me tins à vos côtés pour vous aider et éloigner de vous tout tuteur [d'élève] agressif et tout ce qui pouvait vous créer des ennuis, jusqu'au jour où vous-même avez agressé la directrice générale chrétienne. Je me dis alors que ce que j'avais vu était l'oeuvre de Satan: c'est une femme malfaisante.

«Je rentrai chez moi pleurant de regret pour l'aide et la protection que je vous avais données. Mais cette nuit, j'eus une étrange vision: Je circulais dans une rue large et propre. Des lumières brillaient dans le ciel. Je relevai la tête pour les regarder. Je vis une grande croix illuminée et les étoiles qui scintillaient tout autour. Et à côté de la grande croix, il y en avait une autre, petite, illuminée elle aussi et entourée d'étoiles scintillantes. Je dis en moi-même: je ne comprends pas, mon Seigneur, ce que signifie cette vision. Et voici que la grande croix disparut et votre visage apparut à sa place; la petite croix disparut, et le visage de votre fille apparut à sa place. Je m'écriai, stupéfait: est-ce possible, Nahed une grande croix au ciel et sa fille... Non! Cela n'est pas possible! Ce spectacle se répéta alors devant moi trois fois, votre visage puis la croix, le visage de votre fille puis la croix. Je dis alors: Je sais, mon Dieu, que Tu peux tout.

«Quand je me réveillai, j'eus la certitude que vous étiez appelée à la foi et je remerciai Dieu pour la grandeur de son oeuvre en vous et en votre fille. J'ai attendu le jour jusqu'à ce qu'il vînt et j'ai glorifié Dieu et Le glorifierai toujours et à jamais. J'ai gardé, caché dans mon coeur pendant deux années complètes et plus, tout ce que j'avais vu, jusqu'à ce que Dieu eût réalisé ce qu'Il m'avait montré.»

Je regardai Moufîd: il est mon fils bien-aimé. Je me souvins du jour où j'ai eu la vision de ta Gloire, ô Bien-Aimé, et où je lui en fis le récit. Et je passai en revue les événements de ces deux années scolaires, tandis que Tu éclairais ma vie de ta lumière. Les jours sont vite passés emportant leur contenu d'événements et j'avais à choisir. Je Te remercie, mon Seigneur, de ce que Tu m'as fait Te choisir et Tu m'as donné la force de persévérer jusqu'à la fin.

Et la bien-aimée Samia arriva et elle me serra dans ses bras... Je sens qu'elle est tout à la fois ma fille et ma mère. C'est un sentiment étrange dont je n'avais pas eu l'expérience avant cela. Je l'aime beaucoup... je l'aime pour ton Nom... Je lui demandai: «Pourquoi ne m'avez-vous pas crainte comme les autres? Pourquoi étiez-vous forte et sûre de vous-même en ma présence? Et vous ne teniez pas compte de la mise en garde que tout le monde vous faisait à mon sujet. D'où vous venait tout ce courage?»

Elle me regarda avec amour et dit: «Quand j'ai reçu la notification de ma mutation à l'école secondaire de Helmiet El Zaytoun, ce fut pour moi un choc. Comment travailler dans cette école avec Nahed, la sous-directrice fanatique, qui ne recule pas devant la persécution des chrétiens? Ou avec la directrice, elle aussi fanatique contre les chrétiens? Je me tins devant Dieu, priant et Lui demandant de me défendre et de m'aider dans cette école.

«Dans mon sommeil, je me suis vue debout sur du marbre blanc légèrement élevé au-dessus du sol et propre malgré les ordures qui l'entouraient. Celles-ci ne me touchaient pas, j'étais au-dessus d'elles. Près de moi, un robinet et un petit évier blanc très propre... Le "pape Kyrillos" vint. C'est un saint. Je l'aimais beaucoup et lui rendais visite régulièrement avant sa mort. Il me dit: "Samia, lave-toi les mains." Je lui répondis: "Mes mains sont propres." Il répéta: "Lave-toi les mains." Il me le demanda par trois fois, et, chaque fois, je lui obéis. Il saisit alors mes bras et dit: "Allons, va à l'école secondaire de Helmiet El Zaytoun, tu as là un travail spécial."

«Quand je me réveillai, je me dis que j'étais une secrétaire et que c'était là mon travail. J'avais peut-être une autre tâche que je découvrirais plus tard. Après avoir fait votre rencontre et commencé à parler avec vous du Christ, j'ai compris que c'était vous la tâche spéciale pour laquelle j'ai été envoyée dans cette école. Et je vous ai aimée en dépit de tout ce que j'avais entendu à votre sujet, et malgré tous les comportements que vous avez adoptés devant moi. J'ai senti qu'un lien profond nous unissait. Et maintenant je sais pourquoi je vous ai aimée. Existe-t-il un lien plus fort que celui de l'amour dans le Christ?» Et elle se jeta à mon cou en disant: «Vous êtes ma fille, votre deuxième naissance s'est faite entre mes mains. Je suis chanceuse de voir cela de mes yeux et de voir Dieu se servir de moi dans l'oeuvre du salut d'une personne telle que vous.»

«Mon Dieu, que tes jugements sont insondables et tes voies incompréhensibles!»[13] Toute cette préparation pour moi? Que tes desseins sont grands! Qui peut atteindre la pensée du Tout-Puissant ou ses plans? Depuis quand, ô mon Seigneur, me prépares-Tu tout cela et avec cette patience? Je sais que Tu es compatissant, miséricordieux et très patient, mais à ce point, ô Bien-Aimé? Ô la grandeur de ton amour, Seigneur...

Et maintenant, je dois remettre les clés du local et du bureau et toute chose à la directrice... Je n'entrerai plus dans mon bureau. Je réunis mes papiers personnels et mes affaires. Je ne regrette rien sinon ce temps délectable que je passais avec Samia et Moufîd. Je n'oublierai jamais que c'est dans mon local que j'ai vu

---

[13] Cf. Épître aux Romains 11,33.

ma tendre Mère, la Vierge Marie, et que j'ai senti le parfum de l'encens... C'est le lieu de ma nouvelle naissance... Mais je sais très bien que Tu es avec moi en tout lieu. Comment en serait-il autrement quand Tu habites en moi et que je T'ai couronné roi sans rival sur le trône de mon coeur! Oui, sans rival, et Tu le sais très bien... Toi, Tu sais que je suis sincère et c'est cela qui m'importe. Je ne dirai pas que j'ai tout vendu pour Te suivre[14]. Si je disais cela, je m'attribuerais une gloire que je ne mérite pas! La vérité, c'est que Tu as frappé à ma porte et j'ai entendu ta belle voix et Tu m'as aidée à ouvrir. Tu es entré chez moi et Tu as soupé avec moi[15]. Tu as régné sur ma pensée, ma raison, mon coeur. Et c'est Toi qui agis et non pas moi. C'est Toi qui décides et qui penses, c'est cela la vérité. Celui qui se livre au Bien-Aimé en toute vérité, c'est Lui qui devient l'oeil avec lequel il voit, l'oreille avec laquelle il entend, la langue avec laquelle il parle.

Oh Bien-Aimé! Si tout le monde savait... Je veux crier et parler de Toi en tout temps et en tout lieu. Maintenant je me suis libérée [de toute préoccupation] pour Toi. Comme il est bon de Te goûter, mon Seigneur... Il faut que je proclame ce que je ressens, il dépasse la raison et l'imagination. Puissé-je trouver les mots adéquats pour le dire; aide-moi, mon Dieu!

---

[14] Cf. Matthieu 19,21.
[15] Cf. Apocalypse 3,20.

Je sortis de l'école, mais je dois y retourner une dernière fois pour me désister de mes responsabilités, ce que je devrai faire lorsque le décret de la direction [de l'Enseignement concernant ma démission] aura paru, c'est-à-dire dans près de dix jours. Tu m'as donné la preuve, mon Dieu, que Tu es fidèle à tes promesses: ma démission a été acceptée le 26 août et j'ai déménagé de 'Aïn Shams à Madinet Nasr le 27, ce qui est conforme à ta promesse. Merci, Seigneur!

Mon appartement dans le quartier numéro dix est dans un endroit très calme et peu habité. Personne n'épiera mes déplacements... Personne ne me connaît et je ne fréquente personne. Je commençai à exercer mes activités dans les églises et à raconter, en tout lieu, l'action du Bien-Aimé en moi: dans les monastères, dans les maisons des amis, chaque fois que l'occasion m'en était offerte.

Je me rendis à l'école le 9 septembre pour me désister de mes responsabilités et ne plus jamais y retourner. Mon coeur battait à se rompre, mais Tu es avec moi, Tu marches devant moi pour éclairer ma route. J'entrai chez la directrice pour lui faire signer mon désistement. Et voici qu'elle ferme la porte derrière moi et fait venir une sous-directrice musulmane. Elle demande à la surveillante de se tenir derrière la porte et d'interdire l'accès de son bureau.

Les signes de la méchanceté éclataient sur son visage et elle dit: «Avant de signer, je veux savoir la vérité sur ce que j'ai entendu à votre sujet.» Je lui demandai avec calme: «Et que désirez-vous savoir?» Elle me dit: «Êtes-vous devenue chrétienne?» Je lui dis: «À vous d'interroger la personne qui vous l'a dit.» La sous-directrice éleva la voix: «Nous ne voulons pas de détours! Vous devez répondre avec clarté et franchise.» J'élevai la voix plus fort qu'elle: «Je suis une femme de quarante-sept ans, instruite, détentrice d'un baccalauréat en éducation physique et je ne permettrai à personne de s'immiscer dans ma vie.» Je fus surprise par la sous-directrice s'élançant vers moi et me tirant par le bras avec une force qui me fit mal. Elle disait: «Vous êtes ma soeur dans l'islam et l'islam dit: celui d'entre vous qui découvre une déviation doit s'y opposer, et moi, je m'opposerai à vous de toutes mes forces.»

J'élevai mon coeur vers Dieu et Lui dis en moi-même: «Dieu, viens à mon aide, Seigneur, hâte-Toi de me secourir!»[16] Puis je dis calmement à la sous-directrice: «Où prenez-vous le discours que vous me tenez?» La directrice vint vite vers moi et je sentis qu'elle essayait de calmer la situation. Elle me dit: «Avez-vous affirmé que vous avez comparé la religion musulmane et la religion chrétienne et que vous avez trouvé, après étude, que la religion chrétienne était la vraie religion?» Je lui dis en toute assurance: «Non... Je n'ai pas tenu ces

[16] Verset biblique qui ouvre la prière liturgique. Cf. Psaume 70,2.

propos.» Elle reprit: «Avez-vous dit que la Vierge Marie[17] vous a dit: "Cessez de nuire aux chrétiens"?» J'affirmai encore avec assurance: «Non... Je n'ai pas dit ces paroles.»

Mais j'ai craint d'avoir renié le Christ par ces réponses. Je lui dis alors: «Ce que j'ai dit, c'est que j'ai eu une vision, celle d'un homme» -- et je le décrivis -- «beau, le teint blanc, les cheveux blonds tombant sur ses épaules, les yeux bleus, clairs comme les eaux de la mer. Il m'a parlé et m'a proposé un pacte. Et moi, je respecte l'engagement que j'ai pris.» Elle me demanda: «Et qui peut-il être?» Je dis: «L'Ange du Seigneur.» Alors toutes les deux crièrent ensemble: «Nous avons maintenant la certitude que votre manière de parler inquiète et vos réponses engendrent le doute. Vous ne méritez pas de vivre et vous ne méritez pas de recevoir une pension de retraite du gouvernement. Vous le paierez très cher.» Là, je me suis trouvée en train de crier à la directrice avec une force étonnante: «Signez les papiers... Allons! Signez!» Je vis alors la directrice s'asseoir calmement à son bureau et signer les papiers de mon désistement avec une hâte inhabituelle. Elle me les tendit. Je les pris et courus vers la porte. Je trouvai une grande chaise mise derrière la porte pour m'empêcher de sortir. Je la jetai à terre. Je ne savais d'où me venait cette force... Je sortis en hâte vers la porte extérieure, la directrice et la sous-

---

[17] "AsSayyeda Maryam". Littéralement: la Dame Marie, équivalent du "Notre Dame" français.

directrice essayant en vain de me rattraper. Et je franchis la porte de l'école au milieu de la stupeur générale et à mon propre étonnement. Comment ai-je pu leur échapper?

Je repris mon souffle, n'en croyant pas mes yeux! Qu'est-il arrivé et pourquoi? Je marchai dans la rue, pleurant de douleur et passant en revue tout ce qui venait de se passer. J'élevai mon coeur vers Toi, ô Bien-Aimé. Pardonne-moi, ô Tout-Puissant. Je sais que je suis faible... Je T'en prie, mon Dieu, viens au secours de ma faiblesse et pardonne-moi.

Je me rendis ensuite à l'église. Là, je sens que je suis dans ton sein miséricordieux... Je rencontrai quelques amis qui m'apprirent que quelqu'un s'était présenté à l'église pour demander de mes nouvelles. Sa manière de parler indiquait qu'il n'était pas chrétien et il s'exprimait comme quelqu'un qui détenait un pouvoir. Il m'attendait à l'intérieur. Je refusai de le rencontrer et je rentrai en hâte chez moi. Ma blessure, causée par la directrice et la sous-directrice, ne cesse de saigner. Je ne pourrai en supporter une autre...

Je me remis entre tes mains vénérées et Te demandai ce que je devais faire maintenant. Ta réponse se fit entendre dans ma poitrine: «Tu dois partir d'ici.»[18] Je sentis mon coeur saigner par l'acuité de la

---

[18] Tu dois partir d'ici: ***partir***, littéralement: ***voyager, partir en voyage***. "Tu dois partir d'ici, en voyage." Nahed a-t-elle compris: quitter Le Caire? Et a-t-elle, à cause de cela, décidé, comme elle le dit un peu

douleur. Je n'ai pas passé deux semaines dans mon nouveau logement! Et où aller? Je n'ai que Toi, tout le monde m'a rejetée... La peur les a tous éloignés de moi...

Le lendemain matin, je sortis pour téléphoner à Moufîd. Il est fort par la grâce du Christ. Il ne manquera pas de me tendre une main secourable comme il en a l'habitude. Ce fut le choc qui ébranla mon être: Moufîd a été arrêté et se trouve en prison... Moufîd en prison! Ô stupéfaction! Pourquoi? Quel crime a-t-il commis pour aller en prison? Ta miséricorde, ô mon Dieu! Je sais fort bien qu'il est ton fils et que Tu l'aimes plus que je ne l'aime. Mais mon coeur est déchiré par la douleur... Il est en prison à cause de moi. Non! C'est ta volonté... Qu'elle soit faite, et non la mienne. Toutes choses sont dans ta main... Je rentrai chez moi et voici ta voix bien-aimée me disant: «Tu dois partir d'ici.»

Tandis que j'étais perplexe, ma fille vint me dire: «La police s'est présentée hier chez nous pour se renseigner à ton sujet. Nous lui avons dit que nous ne connaissions pas ta nouvelle adresse. Elle est allée à l'école et la directrice lui a appris que tu t'étais désistée de tes responsabilités deux jours plus tôt et que personne ne connaissait ton adresse.» Oui, mon Dieu! Ta sollicitude et ta protection m'entourent. Je sens le soutien de

---

plus loin, de partir pour Alexandrie? On peut penser, à cause de la suite du récit, que le Seigneur la préparait à la nécessité de quitter son pays.

ton bras puissant: la police se rend à l'école deux jours après mon désistement alors que j'ai changé d'adresse et me suis installée dans l'appartement de Madinet Nasr dont personne ne connaît le chemin... Je comprends, maintenant, pourquoi Tu m'as dit, lorsque j'ai perdu l'appartement de Zaytoun, que ce qui était arrivé était dans mon intérêt! En effet, tous, à l'école, savaient que je comptais aller habiter à Zaytoun. C'est le plan du Tout-Puissant! Il veille sur moi: cette vérité, je l'ai touchée. Pour celui qui se confie sincèrement en Toi, Tu deviens Providence pour toute sa vie et ses déplacements. À Toi la gloire éternelle. Tes desseins dépassent toute intelligence. Je me rappelai ce verset qu'Abouna Botros m'avait écrit en me demandant de le retenir et de l'avoir constamment devant moi. Il est tiré du Livre des Lamentations de Jérémie (3,37): *«Qui donc n'a qu'à parler pour que les choses soient? N'est-ce pas le Seigneur qui décide?»*

Après avoir entendu clairement ta voix bien-aimée, je décidai de partir pour Alexandrie. Mais je devais d'abord terminer les démarches pour la retraite, à la direction de l'Enseignement. Je m'y rendis, mais avant d'en franchir le seuil, j'éprouvai inquiétude et angoisse. Je dominai mes sentiments et j'entrai en répétant: «Dieu, viens à mon aide, Seigneur, hâte-toi de me secourir!» Les démarches aboutirent avec une étonnante rapidité, tes mains généreuses imprimant le mouvement. Il ne me reste plus qu'à recevoir le chèque de l'indemnité de fin de service, l'équivalent de trois mois de salaire. Mais cela prendra un peu de temps, il me faudra revenir, après une semaine, pour le retirer. Je dois partir en voyage: je reviendrai ou bien j'enverrai ma fille le retirer; tout le monde sait qu'elle est ma fille.

Je rentrai chez moi préparer le voyage pour Alexandrie sans me douter que je ne retournerai jamais plus dans mon nouvel appartement pour l'achat et l'aménagement duquel j'avais dépensé le reste de mes économies. Un logement bien équipé, simple et confortable... Mais que ta volonté, non la mienne, soit faite.

Le lendemain, à 6 heures, un ami me prit dans sa voiture et nous empruntâmes la route d'Alexandrie. En chemin, je lui demandai de passer au monastère d'Amba Bishoï et nous nous y arrêtâmes. J'allai saluer les moines. Je m'arrêtai devant celui qui m'avait promis que la cassette enregistrée ne quitterait jamais le monastère. Je lui jetai un regard de reproche. Qu'il considère ce qu'il m'a fait, et où se trouve Moufîd maintenant, et ce qu'il adviendra de Samia. Mais je sais que c'est ta volonté [mon Dieu] et n'y interférerai pas... Je T'ai remis ma personne, ma vie et tout ce que je possède. Fais de moi ce qui Te plaît, Tu es mon Père compatissant. Il me faut tout quitter pour être digne de porter ton Nom béni, plein de majesté.

J'arrivai à Alexandrie: des amis me reçurent et m'accompagnèrent jusqu'à une villa à 'Agami[19] et s'en retournèrent au Caire. C'est un endroit éloigné et calme que les estivants ont quitté. J'y serai seule. Je demandai à ma fille de se rendre à la direction de l'Enseignement pour retirer mon chèque et de m'en avertir pour que je retourne au Caire l'encaisser. C'est, maintenant, mon unique avoir.

Je me suis isolée en ta compagnie, ô Bien-Aimé, et je me suis jetée à tes pieds. Mon Dieu, je souffre! Je porte un lourd fardeau... Aide-moi à le déposer auprès de Toi. Serre-moi sur ton sein miséricordieux, sèche mes larmes et panse mes plaies. Gloire à Toi qui nous assures toujours un réconfort dans l'angoisse. Je n'oublierai jamais ce que j'ai vu la première nuit passée avec Toi à Alexandrie. J'ai revu ton Visage bien-aimé et le sang qui en coulait. Tu m'as regardée avec compassion alors que Tu as souffert pour moi les plus cruels tourments. Je me rappelai tes souffrances! Pardonne-moi, mon Dieu. Il faut que je sente combien Tu as souffert pour moi. Il faut que je souffre, à mon tour, pour Toi. Mais viens au secours de ma faiblesse. Fortifie-moi et aide-moi afin que je sois prête à porter ma croix et à Te suivre.

---

[19] Station balnéaire, sur la Méditerranée, à une vingtaine de km. à l'ouest d'Alexandrie.

Des journées longues et pesantes amenèrent la fin de la semaine. Ma fille vint avec quelques amis et m'apprit que, lorsqu'elle s'est présentée pour retirer le chèque, l'employé en charge refusa de le lui donner, exigeant que je me présente en personne. Elle est allée, alors, demander à ma soeur, qui travaille là comme directrice des relations publiques, d'essayer de retirer le chèque à ma place, mais ma soeur essuya un refus: c'était les ordres du directeur général, car j'étais recherchée par la Sécurité de l'État. Ma soeur confia alors à ma fille une lettre dans laquelle elle me mettait en demeure de choisir parmi trois possibilités:

Premier choix: Que je me rende à la Sécurité de l'État en sa compagnie et celle de son mari qui est général de brigade au Service de renseignements, ainsi que celle du mari de ma soeur cadette qui est «major pilote» à la présidence de la République. Je devais leur déclarer que l'enregistrement était mensonger, que j'avais menti à l'instigation de certains prêtres, à leur tête Abouna Botros, qui m'avaient trompée. Je devais enregistrer une deuxième cassette désavouant la précédente. Je serais alors sur le rivage de la sécurité et ne serais exposée à aucun tourment.

Deuxième choix: En cas de refus du premier choix, ma famille prendrait des dispositions pour m'enfermer dans un hôpital psychiatrique. Tous les membres de ma famille témoigneraient que je suis folle de naissance, et, bien sûr, on les croirait à cause des situations bien en vue qu'ils occupent. Les maris de mes deux autres soeurs, en effet, sont, l'un -- le mari de l'aînée -- premier sous-secrétaire d'État et vice-ministre du gouvernement local, et l'autre, professeur de langue anglaise à la faculté des langues et de la traduction. Sans compter l'officier du Service de renseignements, le pilote à la présidence de la République et mon frère, directeur de la classification à l'organisation de la fonction publique.

Troisième choix: Ils ont le pouvoir de m'enlever, me tuer et m'enterrer sans que personne se soucie de moi. Et de fait, ils ont lancé un avis de recherche en me déclarant disparue. Je ne pourrai pas quitter le pays parce que tous les ports et aéroports avaient été avisés que j'étais "recherchée" et ma photo y était affichée.

Je me suis dit: Non! Il est impossible que ma soeur soit sérieuse. C'est impensable. Elle doit vouloir simplement m'intimider... Je décidai d'entrer en contact avec elle pour m'en assurer. Et tout de suite! Je lui téléphonai. Puissé-je ne l'avoir pas fait! Elle me jura, par toutes sortes de serments, qu'elle exécuterait tout ce qu'elle avait dit dans le troisième choix si je n'optais pas pour l'un des deux premiers. De plus, son mari, qui travaille au Service de renseignements, m'assura qu'il procédera à mon arrestation dans un délai de deux jours et me forcera à faire ce qu'il veut.

C'est donc ainsi que les coeurs changent et deviennent de pierre... Ils sont plus durs que la pierre. Je sens que le monde entier est plus étroit que le trou d'une aiguille... L'angoisse m'assaille et le désir de mourir. Puissé-je mourir à l'instant. Quand les propriétaires de la villa apprirent ce qui était arrivé, ils me prièrent d'aller ailleurs, car ils avaient peur et ne voulaient pas s'exposer à des ennuis.

Mais Tu ne nous soumets pas à l'épreuve, ô Tout-Puissant, et nous y abandonnes. Avec l'épreuve, Tu envoies la délivrance. Ma fille [qui m'avait remis la lettre] ajouta que l'ingénieur Samir était au courant de tout et qu'il arriverait deux heures plus tard pour me conduire dans un appartement de Ma'moura[20], dans un édifice réservé à la villégiature et actuellement désert. Ce qui fut fait. Après m'y avoir conduite, Samir et les autres amis retournèrent au Caire et me laissèrent seule. Mais je ne suis pas seule! Mon Dieu bien-aimé, Tu remplis ma solitude... Tu es ma famille et ma parenté... Ton amour et ta tendresse me suffisent.

Trois jours passèrent et soudain ta voix bien-aimée me réveilla avant le lever du jour: «Tu dois quitter au plus vite l'appartement de Samir.» Étonnée, je criai vers Toi: «Où aller? Et pourquoi partir?» Quelques heures plus tard, ma fille me téléphona et m'apprit que la Sécurité de l'État avait arrêté Samir et que je devais quitter au plus vite son appartement. Je me jetai entre tes mains compatissantes... Mon Dieu, que dois-je faire à présent? Et ta voix tendre m'exhorta à me rendre au monastère où je trouverais la solution. Au monastère, un

---

[20] Station balnéaire d'Alexandrie.

des pères m'accueillit tout joyeux: «Je priais pour que Dieu vous inspire de venir ici.» Puis il ajouta: «Nous avons un ami croyant qui, apprenant ce qui vous était arrivé, nous a donné la clé de son appartement privé d'Alexandrie, au centre-ville, dans un grand immeuble donnant directement sur la mer. Mais l'immeuble est vide parce que c'est un lieu de villégiature. Il est disposé à vous y laisser le plus longtemps possible.»

Mon Dieu bien-aimé, si je Te glorifiais, Te remerciais et Te louais à chaque respiration, je ne serais pas quitte à ton égard. Si je demeurais prosternée à tes pieds vénérés jusqu'au dernier instant de ma vie, cela ne suffirait pas. Mais Tu es toujours le même, Tu blesses et Tu soignes, Tu déchires et tes mains compatissantes guérissent[21].

Par la même occasion, Abouna m'invita à passer deux jours dans sa famille[22] à Kalioub[23]. J'avais pris l'habitude de téléphoner de temps à autre à mes enfants pour prendre de leurs nouvelles. Au cours de la dernière communication, ma fille cadette me demanda de ne pas leur téléphoner chez les voisins sous le prétexte que cela les gênait, mais chez la plus jeune de mes soeurs qui

---

[21] Cf. Job 5,17-18.

[22] La suitc du récit nous apprendra qu'il s'agit de la famille du *frère* d'Abouna et que cet Abouna est le moine du monastère d'Amba Bishoï qui avait demandé à Nahed d'enregistrer une cassette où elle révélerait son nom et celui des personnes qui l'avaient aidée dans son cheminement.

[23] Petite ville, à 25 km. au nord du Caire.

habitait près de chez eux. Cette demande de ma fille m'inspira de l'inquiétude. La voisine, en effet, était une dame vénérable, et ses enfants, dignes de respect. Et chaque fois que j'appelais chez eux, ils allaient vite chercher mes enfants. Je dis à ma fille: «Pourvu que cela ne cache pas un complot!» Elle le nia avec force et me reprocha ma méfiance. Nous déterminâmes un moment précis où ils seraient chez leur tante.

Le moment venu, je leur téléphonai de la maison de la famille d'Abouna. Je remarquai que mon fils essayait de prolonger la conversation sous le prétexte qu'il désirait se rassurer à mon sujet. Ma soeur, de même: elle désirait m'aider... J'éprouvai une inquiétude mortelle. La conversation prit fin. Elle avait duré quinze à vingt minutes. Ta voix, en moi, m'avertit: «Ils t'ont préparé un guet-apens, ils ont réussi à identifier le numéro de téléphone de la famille d'Abouna.»

Moins d'une demi-heure plus tard, le téléphone sonna: quelqu'un demandait le nom et l'adresse correspondant au numéro de téléphone en alléguant qu'un colis, qui ne portait que le numéro de téléphone, devait être livré. Je compris sur le champ pourquoi ma fille m'avait demandé de lui téléphoner chez ma soeur: son mari travaille à la présidence de la République, il avait le moyen d'identifier le numéro de téléphone de la personne qui appelle. Ainsi, ô Tout-Puissant, Tu les frappes toujours de stupidité à tel point qu'ils n'ont pu patienter quelques heures pour trouver le nom et l'adresse. Sans le vouloir, ils m'ont mise en garde et suggéré de fuir... Ô merveille!

Je partis en vitesse. Mon coeur va se briser de douleur. Ma soeur, mon fils et ma fille m'attirent dans un guet-apens... en se faisant les complices de la Sécurité de l'État, mon fils aîné qui est tout pour moi... et ma benjamine qui m'est si chère, et ma propre soeur... Je suis sur le point de perdre la raison. Je n'arrive pas à croire ce qui est arrivé! Mais il est écrit:

> *«Le frère livrera son frère à la mort, et le père son enfant; les enfants se dresseront contre leurs parents et les feront mourir. Et vous serez haïs de tous à cause de mon nom, mais celui qui persévérera jusqu'à la fin, celui-là sera sauvé.»*[24]

Mon Dieu, j'espère en Toi, aide-moi à persévérer jusqu'à ce que je Te rencontre.
Je Te remercie, mon Dieu, Tu me fortifies et me soutiens, je Te trouve toujours à mes côtés.
Je Te remercie, mon Dieu, Tu me rends, par ta grâce, plus forte que l'épreuve.
Je Te remercie, mon Dieu, Tu m'as rendue digne de souffrir pour ton Nom.

---

[24] Matthieu 10,21-22.

Je me suis rendue au monastère de Mar Mîna[25] pour y passer trois jours incognito. Je me levais tôt pour assister à la messe et communier, et passais le reste du temps dans la prière... Je commençais à me ressaisir et à ressentir repos et calme.

Le quatrième jour, je fus surprise par l'arrivée du frère d'Abouna chez qui j'avais demeuré [deux jours, à Kalioub]. Il venait me prendre. Je lui demandai si la police avait pu identifier son nom et son adresse. Il me répondit: «Bien sûr que non! La police ne s'est pas pointée. On dirait que la peur vous fait appréhender des dangers imaginaires. Allons! Retournons passer quelque temps ensemble.»

Il avait un air et une manière de parler très inquiétants. Que faire? Je n'avais pas le choix. Je rassemblai mes effets et pendant que je m'en allais avec lui vers la voiture, ta voix bien-aimée se fit entendre en moi: «Cet homme est venu pour te livrer à la police.» Je fus saisie de terreur... Mon Dieu, que dois-je faire? Le quitter et me rendre à Alexandrie? Mais il connaît mon adresse dans cette ville... Je suis toute perplexe... Je montai avec lui dans la voiture et j'élevai mon coeur vers Toi, ô Bien-Aimé: «Mon Dieu, je ne veux pas tomber entre leurs mains... Ce sont des bêtes féroces. Ils n'auront pas de pitié pour moi... M'abandonneras-Tu à eux?»

Et ta réponse vint, ô Tout-Puissant: «Ne crains pas! Je t'en sortirai au moment opportun pour que tous

[25] À une soixantaine de km. au sud-ouest d'Alexandrie.

le sachent et Me glorifient.» Je dis: «Mon Dieu, viens au secours de ma faiblesse et pardonne-moi... Si vraiment Tu m'en sortiras, donne-moi un signe probant, car j'ai peur. Il pleut et les nuages cachent le soleil. Fais cesser à l'instant la pluie, que les nuages disparaissent et que le soleil reparaisse.» Il ne se passa qu'un instant et voici la pluie qui s'arrête et la main du Tout-Puissant qui repousse les nuages, et le soleil qui brille. Merci, mon Dieu, Tu as rempli mon coeur de ta paix.

Je remarquai qu'il conduisait la voiture à une vitesse se situant entre soixante et soixante-dix kilomètres à l'heure sur la route du désert reliant Le Caire à Alexandrie. De temps en temps, il regardait derrière lui. Je fis semblant de ne rien comprendre et lui demandai: «Pourquoi conduisez-vous si lentement?» Il me répondit: «Il y a une déficience technique dans la voiture et je ne veux pas accélérer pour ne pas tomber en panne.»

En route, j'entendis ta voix compatissante me dire: «Arrête-toi ici, aux plantations du monastère d'Amba Bishoï, et tu verras mon action.» Je lui demandai donc que nous passions par les plantations du monastère. Il commença par refuser, puis, sur mon insistance, il accepta à la condition que nous n'y restions que quelques minutes pour saluer les moines.

Ce fut la surprise générale; les moines savaient, dans les détails, ce qui s'était passé et me demandaient: «Où êtes-vous? Ne savez-vous pas que la police a fait une descente après minuit dans la maison de la famille d'Abouna? Et ils ont arrêté tout le monde!» Je le savais, mais le choc fut terrible. J'adressai au frère d'Abouna un regard de reproche. Il me dit: «Pardonnez-moi, j'ai faibli quand je les ai vu battre sauvagement mon vieux père...» Je lui répondis: «Je vous pardonne et que Dieu vous pardonne. Maintenant, vous devez vous en aller seul.» Il s'écria: «Non... Je vous en prie, il faut que vous veniez avec moi.» Je lui dis: «Je ne suis pas folle pour me livrer à eux. Hier, votre frère m'a fait faire un enregistrement dans lequel il m'a demandé de mentionner mon nom au complet et le nom de tous ceux dont le Seigneur s'était servi [pour me conduire à Lui]; il m'a promis que la cassette serait tenue dans le plus grand secret comme document propre au monastère... mais j'ai eu la surprise de la savoir diffusée dans toute l'Égypte. Et aujourd'hui, vous essayez de me livrer à la police..!»

Quelle douleur! Quelle amertume! Je me sens brisée. Je sais maintenant ce que l'être humain ressent quand il rencontre la trahison. Pardonne-moi, Seigneur, je ne condamne personne... nous sommes faibles... Si nous ne recevons pas de Toi le secours, nous ne pouvons rien supporter. Je sais maintenant, ô Bien-Aimé, la profondeur de ta douleur et de ta souffrance quand Tu as été trahi par l'un de tes disciples. Je Te remercie, ô mon Dieu bien-aimé, Tu m'as donné de vivre une petite partie de ta douleur.

Et maintenant, que dois-je faire? Les moines des plantations du monastère d'Amba Bishoï m'entourèrent et l'un d'eux dit: «Vous devez vous livrer à la police. Inutile de vous enfuir. L'étau se resserre, il n'y a pas d'issue.» Un autre dit: «Je vous ai vue dans une vision: vous aviez du sang autour du cou, ce qui signifie que vous serez tuée.» Un troisième dit: «Ne désirez-vous pas être une martyre à cause du Christ et que notre Seigneur Jésus Christ vous appelle et vous dise: "Venez, les bénis de mon Père, recevez en héritage le Royaume qui vous a été préparé depuis la fondation du monde"[26]?»

Je sentais comme si chacun d'eux tenait un couteau et dépeçait ma chair sans pitié. Et je pensais, en moi-même, qu'ils avaient peut-être raison et que je devais me livrer. J'ouvris mon sac à main, en sortis le contenu et le leur confiai et je pris la décision de me livrer. Mais je devais d'abord retourner à Alexandrie retirer mes effets de l'appartement pour que la police ne les y découvre pas et ne sévisse pas contre celui qui me l'a prêté. Il faut aussi que je renvoie ma fille à son père pour lui éviter de s'exposer à subir, elle aussi, ce que je subirai, car je sais très bien ce qui m'attend à la Sécurité de l'État. Mais j'ai confiance que le Bien-Aimé, qui était avec les trois jeunes gens dans la fournaise de feu ardent[27], sera avec moi et m'en sortira... Comment peut-il en être autrement lorsque je sens que je suis sa fille chérie?

Je laissai le frère d'Abouna se retirer seul, et nous nous tînmes sur la route, ma fille et moi, essayant

---

[26] Matthieu 25,34.
[27] Voir le chapitre 3 du livre de Daniel.

d'arrêter une voiture pour nous rendre au "rest-house"[28] et, de là, prendre l'autobus pour Alexandrie. De fait, une camionnette de transport de marchandises s'arrêta pour nous prendre jusqu'au restoroute. Là, nous essayâmes de prendre un taxi, mais nous n'en trouvâmes pas. Nous attendîmes, près d'une heure, l'arrivée de l'autobus. Nous le prîmes. En route, j'élevai mon coeur vers Toi, ô Bien-Aimé, et je Te dis: «Est-ce là la fin, que je me livre à la Sécurité de l'État? Toi, Tu les connais et Tu connais leur sauvagerie, et moi je suis faible. Viens au secours de ma faiblesse. Je ne supporterai peut-être pas leur torture. Réponds-moi, que dois-je faire?» Et la réponse de mon Dieu, le Compatissant, le Bon, me parvint: «Si J'avais voulu t'abandonner, Je ne t'aurais pas avertie qu'il venait pour te livrer. Je ne t'aurais pas dit: "Passe par les plantations du monastère d'Amba Bishoï pour connaître la vérité." Je ne t'aurais pas donné un signe t'assurant que tu ne tomberais pas dans leurs mains. Non... ne te livre pas à eux. Retourne à Alexandrie et cache-toi là-bas.»

Mon Dieu, que Tu es grand! Tu es le Dieu vivant et compatissant. Tu me traites comme s'il n'y avait pas sur terre d'autre que moi à surveiller, défendre et garder. Tu me fais sentir que je suis l'unique objet de ta sollicitude et de ta protection. Ô la grandeur de ton amour. Je T'aime, mon Dieu, parce que Tu mérites vraiment

[28] Le restoroute de la route du désert qui relie Le Caire à Alexandrie; il est situé à mi-chemin entre les deux villes.

l'amour, et que Tu m'as aimée le premier, puis Tu m'as fait T'aimer, Te connaître et avoir confiance en Toi.

J'arrivai à Alexandrie fatiguée, épuisée, mais ta paix qui dépasse toute intelligence[29] remplissait mon coeur et mon âme. Il est nécessaire que je change de domicile: cet ami pourrait leur donner mon adresse... Mais l'heure est avancée. Pendant que je me livrais à ce dialogue intérieur, je vis ton beau et bien-aimé Visage dissiper les ténèbres qui m'entouraient et me faire éprouver un sentiment de sécurité. Je décidai de remettre au lendemain la quête d'un logement, si Dieu le veut[30].

Le lendemain matin, le Bien-Aimé me conduisit chez une famille chrétienne croyante. Elle avait un petit appartement meublé que je louai et dans lequel je m'installai avec ma fille. Je ne fis pas savoir à cette famille qui j'étais pour pouvoir demeurer dans le calme de ce logement le plus longtemps possible.

Je téléphonai à des amis du Caire et celui qui me répondit n'en crut pas ses oreilles. Il me dit: «Êtes-vous vraiment Nahed? Je n'arrive pas à le croire. Nous avons entendu dire que la Sécurité de l'État vous avait arrêtée et tuée. Restez où vous êtes et ne sortez pas. Nous irons vous voir dans une semaine et vous nous raconterez

---

[29] Cf. Épître aux Philippiens 4,7.

[30] "Si Dieu le veut" (*in châ'Allah)*: expression de foi que les Égyptiens emploient couramment quand ils formulent un projet.

tout.» Je tâchai de ne pas quitter l'appartement sauf quand cela était indispensable.

Un jour, je fus surprise par la femme du propriétaire frappant à ma porte. Elle me dit: «Avez-vous entendu parler de cette dame musulmane qui a cru au Christ et qui est devenue chrétienne? Elle s'appelle Nahed.» Je lui répondis en tremblant de peur: «Oui, j'ai entendu parler d'elle.» Elle me dit en jubilant: «Nous nous sommes procuré la cassette enregistrée de sa propre voix et où elle raconte comment elle est arrivée à la foi après que le Christ lui fut apparu et lui eut parlé.» Je lui dis: «Et la croyez-vous?» Elle répondit: «Bien sûr! Une femme de sa condition et d'une grande famille, qu'est-ce qui peut la pousser à s'exposer au danger si tout ce qu'elle dit n'est pas vrai?» Gloire à Toi, cela me suffit... Il me suffit que Tu m'aies choisie, et cela, non à cause de ma justice. Tu me donnes selon la richesse de ta gloire. Tu ne prêtes pas, mais Tu donnes. Je Te remercie. Passerais-je le restant de mes jours à Te remercier, à chaque respiration, ce ne serait pas assez.

Elle m'emmena chez elle et j'écoutai l'enregistrement. C'était comme si je l'écoutais pour la première fois. Je revivais avec Toi chaque instant. Que Tu es admirable, ô mon Dieu! Que Tu es grand! Que Tu es beau! Tu es le plus bel Existant et je ne trouve rien à quoi Te comparer. Après l'audition de l'enregistrement, elle dit: «La police sait qu'elle est à Alexandrie et la recherche.» Il faut que je quitte Alexandrie, mais je dois attendre que quelqu'un m'amène ailleurs.

Deux jours plus tard, un ami en qui j'avais confiance vint et quand il me vit, il n'en crut pas ses yeux. Il me dit: «Nous savons que vous avez téléphoné à vos enfants chez votre soeur et qu'elle avait préparé un piège avec vos enfants pour identifier le numéro de téléphone d'où vous parliez et parvenir jusqu'à vous. Et de fait, ils ont identifié le numéro de téléphone en passant par la Sécurité de l'État, puis le nom et l'adresse de l'ami dont vous aviez utilisé l'appareil.

«La police a fait une descente chez lui au milieu de la nuit sans vous trouver. Ils ont alors arrêté tous ceux qui étaient à cette adresse et les ont battus avec la dernière cruauté et les ont torturés. Cet ami a, alors, été obligé d'essayer de vous livrer. Il s'est entendu avec la police de se rendre chez vous au monastère de Mar Mîna.

«Il était suivi par deux voitures non identifiées de la Sécurité de l'État. Elles roulaient derrière la voiture dans laquelle vous aviez pris place avec votre fille. Quand cette voiture a fait une halte aux plantations du monastère d'Amba Bishoï, les deux voitures l'ont précédée au restoroute et l'y ont attendue. Quand elle arriva, elles la suivirent, croyant que vous y étiez, jusqu'à l'entrée du Caire, c'est-à-dire pendant une heure et demie. Là, il se rendirent compte que vous n'étiez pas dans la voiture. Ils arrêtèrent et fouillèrent toutes les voitures qui se dirigeaient vers Le Caire. Ne vous trouvant pas, ils se rendirent aux plantations du monastère d'Amba Bishoï dans l'espoir de vous y trouver. Ils répandirent alors la rumeur selon laquelle ils vous avaient tuée tandis que vous couriez dans le désert pour leur échapper et vous avaient laissée là. Quant à cet ami, il est en ce moment en prison subissant la torture.

«Ils ont aussi arrêté l'ingénieur Samir parce qu'il vous avait aidée à trouver un logement. De même, un jeune homme chrétien qui travaillait à l'"audiothèque" d'une église, parce qu'il recopiait votre enregistrement. De même aussi l'ingénieur Rashâd parce que votre fille était secrétaire à son bureau et il vous donnait une aide pécuniaire. Ils ont été inculpés[31] d'évangélisation et accusés de vous avoir aidée à apostasier, à embrasser le christianisme et à désavouer l'islam. Et maintenant, sachant que vous leur avez échappé, ils vous recherchent à Alexandrie et à l'entrée du Caire et d'Alexandrie.»

Gloire à Toi, Seigneur! Pour la deuxième fois, la Sécurité de l'État est atteinte de stupidité et d'aveuglement. Deux voitures de la Sécurité accompagnent notre voiture sur une distance de plus de cent kilomètres sans m'affronter, ni se hâter de m'arrêter et quand nous nous arrêtons aux plantations du monastère, ils nous devancent au restoroute; et quand passe la voiture où j'étais, ils s'imaginent que j'y suis. Une heure et demie s'écoulent avant qu'ils découvrent que je n'y suis pas. Seigneur,

---

[31] À l'inverse de l'islamisation qui se permet d'utiliser tous les moyens, l'évangélisation, dans certains pays musulmans, est, en fait, sinon en droit, considérée comme un crime justiciable, bien qu'elle se déroule dans le respect total des consciences.

Tu les frappes d'aveuglement: ils ne voient pas que je ne suis pas dans la voiture et je parviens, pendant ce temps, à retourner à Alexandrie. Et Tu les frappes de stupidité, car ils fouillent les voitures qui se dirigent vers Le Caire sans penser que je peux être en route vers Alexandrie. Et quand ils y pensent, j'ai eu le temps d'abandonner mon appartement pour louer un petit meublé dont personne ne connaît l'adresse.

Tout cet arrangement pour moi! C'est une stratégie bien tramée! Tu m'avais promis que je ne tomberai pas entre leurs mains. Comment auraient-ils pu m'atteindre alors que je suis sous ta protection? Je me cache dans ton sein miséricordieux et Tu m'entoures de tes bras. Oui! «Son bras gauche est sous ma tête et sa droite m'étreint.»[32] Oui! «Mon Bien-Aimé est à moi et je suis à Lui.»[33]

Maintenant, il me faut quitter Alexandrie et partir pour Le Caire... Tu m'as arrangé cela, ô Bien-Aimé: une amie m'a invitée à demeurer dans un appartement d'un immeuble dont elle est propriétaire. C'est un meublé. Je rassemblai mes effets, et nous partîmes, avec l'ami, en direction du Caire. En chemin, à la sortie d'Alexandrie, un peloton arrêtait toutes les voitures sortant d'Alexandrie ou y entrant. Mais notre voiture passa devant le peloton sans s'arrêter: au contraire, un officier nous fit signe de passer vite. Mais comment un peloton nous

---

[32] Le Cantique des Cantiques 2,6.
[33] Ibid. 2,16.

arrêterait-il quand Toi, ô Bien-Aimé, Tu marches devant nous et éclaires notre route?

Nous arrivâmes au Caire, puis à Héliopolis...[34] L'immeuble dans lequel je logerai est situé dans le voisinage du poste de police de Nouzha et tous, dans ce coin, me connaissent bien. Je ne dois pas ouvrir de fenêtre, ni sortir dans la rue; aucun bruit ne doit émaner de l'appartement, la porte extérieure ne doit pas s'ouvrir pour que personne ne me voie: les habitants de l'immeuble doivent ignorer que l'appartement est occupé, car ils le savent vacant. Je dois exécuter tous ces ordres qui m'ont été intimés, je n'ai pas le choix.

[34] Banlieue nord du Caire.

V

MA SORTIE D'ÉGYPTE

Les jours passèrent, longs et pesants, ma fille et moi soumises aux pressions sévères au point qu'il nous arrivait d'avoir faim. Mais que faire! Je ne pouvais déroger aux ordres reçus. Je devais attendre le soir pour trouver quelqu'un à envoyer nous acheter de la nourriture. Il arrivait parfois à cette amie qui nous avait offert le gîte, de partir en voyage ou en visite chez ses amis et de nous laisser sans nourriture un ou deux jours. Nous n'avions d'autre recours que la patience. Cette situation dura quarante jours. Je me dis alors que j'avais peut-être péché et que le Seigneur me corrigeait: le Seigneur corrige qui Il aime[1].

Je me tins debout, priant: «Mon Dieu, pardonne-moi si j'ai péché volontairement ou involontairement. Jusqu'à quand se prolongera cette souffrance? Je me sens prisonnière dans cette maison. Un ami m'avait promis de nous arranger des passeports pour partir à l'étranger mais il n'a pu tenir sa promesse. Je T'en prie, mon Dieu, je ne peux demeurer ici plus longtemps.»

---

[1] Cf. Épître aux Hébreux 12,6.

Ta voix bien-aimée se fit entendre en moi: «Tu n'as donc pas compris ce que je t'ai dit la première fois? Je t'ai dit: "Regarde-moi", et tu as dit: "J'ai peur". Je t'ai dit: "Ne crains pas, regarde-moi." Et bien que je t'aie maintes fois arrachée au danger, tu continues à avoir peur et à regarder vers les humains. Lève-toi et sors. Je susciterai pour toi celui qui t'aidera à obtenir une carte d'identité à ton nouveau nom. C'est celui qui te l'avait promis, mais quand la cassette enregistrée s'est propagée et que la situation s'est détériorée, il a pris peur et s'est éloigné de toi. Je le délivrerai de son inquiétude pour qu'il accomplisse cette tâche. Ne crains pas... Ma paix remplit ton coeur.» Ah! Pardonne-moi, ô Tout-Puissant... Je suis faible, viens au secours de ma faiblesse et fortifie-moi.

Le lendemain matin, je sortis dans la rue sous ta protection et je téléphonai à cette personne. Je fus surprise de l'entendre me dire: «Je pensais à vous hier et j'ai discuté avec ma femme, ma mère et ma soeur et nous avons décidé ensemble, après avoir prié, de vous procurer, ainsi qu'à votre fille, des cartes d'identité à votre nouveau nom. Tâchez de m'apporter des photos et de modifier votre apparence et que cela se fasse le plus rapidement possible.»

J'ai failli voler de joie. C'est seulement hier qu'ils ont décidé de m'aider au moment même où Tu m'as parlé. Tu leur en as donné l'ordre et cela fut. Et comment en serait-il autrement lorsque Toi, ô Bien-aimé, Tu accomplis tes promesses, Tu es fidèle? Je me prosternai à tes pieds, Te rendant grâce, et ta voix bien-aimée se fit entendre en moi: «Je lui donnerai la paix et il se chargera de produire des passeports pour toi et ta fille.»

Je partis rencontrer cet homme qui demeure dans un petit village situé à une distance de près de cent vingt kilomètres du Caire. Il me fit un excellent accueil et je trouvai en lui la vraie charité du Christ, sans tromperie ni fausseté. Je lui remis nos photos et il me demanda de revenir au bout de deux jours seulement pour retirer les nouvelles cartes d'identité. Je retournai au Caire. Incroyable! Je circule dans les rues du Caire et d'Héliopolis, utilisant le transport en commun. Ma peur s'est envolée et la paix de Dieu remplit mon coeur.

Je comptais les heures, les minutes qui me séparaient du moment où je recevrais les cartes d'identité... Nous partîmes, ma fille et moi, nous nous présentâmes chez lui et voici qu'il nous remet les cartes: il est véridique, il a tenu parole. Comment en serait-il autrement, quand le Seigneur l'a ordonné? Je rendis grâce au Bien-Aimé et j'eus la surprise d'entendre cet homme me dire: «Envisagez-vous de partir à l'étranger ou bien vous contenterez-vous de ces cartes pour vivre dans une autre ville avec votre nouvelle identité?» Je lui répondis: «Je me propose de partir à l'étranger... Mais que la volonté de Dieu soit faite, non la mienne. Mais pourquoi me posez-vous cette question?» Il répondit: «Je suis disposé à vous procurer, ainsi qu'à votre fille, des passeports mais d'un autre village. Qu'en pensez-vous?» Je lui dis sans hésiter: «Bien sûr que je suis d'accord!» Il me dit: «Donnez-moi dix jours ou une semaine, le temps de préparer les papiers nécessaires.» Je le remerciai et nous nous en allâmes.

En chemin, j'élevai mon coeur vers Toi, Te rendant grâce: Tu es Toi, et nul n'est semblable à Toi. Je ne cesserai de répéter, tant que je serai en vie: Tu accomplis tes promesses, Tu es le Dieu fidèle! Tout est en tes mains, avec Toi nous n'avons besoin de rien. Puissent tous les êtres humains savoir comment Tu conduis leur vie, quand ils Te la confient en vérité. Si vite, et si simplement, une parole venant de Toi a rempli son coeur de paix. Il a changé en un instant: après avoir eu peur de moi et avoir refusé de m'aider, voici qu'il me propose de me procurer des passeports. À Toi la gloire éternelle! Mon Dieu, comble cet homme de toute bénédiction, garde-le et affermis-le dans la foi, lui et sa famille, afin que ton saint Nom soit glorifié maintenant et en tout temps. Je Te rends grâce, je Te loue, je me prosterne devant Toi jusqu'au dernier instant de ma vie.

Je revins dans l'appartement et décidai de le quitter pour retourner à Alexandrie [avec ma fille] par nos propres moyens. Nous n'avons plus besoin des humains, ni de voiture privée. Nous prîmes l'autobus, ton Visage bien-aimé nous précédant, éclairant notre route. Conduis-moi, mon Dieu. Que je marche à ta suite en sécurité, joyeuse, heureuse, rassurée.

Arrivée à Alexandrie, je me rendis dans ce logement meublé [que j'avais déjà occupé]. C'est un coin tranquille qui donne sur la mer. Nous sommes en décembre, il fait froid. L'endroit est presque désert. Mais Tu es toujours avec moi, Tu habites au fond de mon coeur et de mon âme. Je T'aime, mon Dieu.

Plus de dix jours se sont écoulés. Les papiers pour les passeports sont sûrement prêts. Je décidai de retourner à ce cher homme... Je partis et me rendis chez lui. Et le voici qui me tend les papiers timbrés et signés par deux autres personnes. Nous partîmes alors pour une autre ville et la production des passeports se fit avec une rapidité surprenante: nous les obtînmes le jour même. Oui, c'est Toi le Pourvoyeur, nul besoin de s'étonner... Ton action est admirable et comment ne le serait-elle pas quand Tu es admirable! Béni soit ton Nom!

Je retournai à Alexandrie pourvue des nouvelles cartes d'identité et des nouveaux passeports. Mais il reste un grand problème: comment obtenir un visa d'entrée dans un autre pays? Et dans quel pays me rendre? Je me souvins alors que, durant la période de cinquante jours passée à Héliopolis, mon Dieu bien-aimé m'avait conduite, un jour[2], dans une église. Quand je saluai le curé, j'eus la surprise de l'entendre me dire: «Il faut vous livrer à la police, il ne vous reste aucune issue, ce n'est pas la peine d'essayer de fuir encore, trop de gens sont en prison à cause de vous.»

---

[2] Le séjour de Nahed à Héliopolis a duré cinquante jours dont elle a vécu, en recluse, les quarante premiers.

Je lui répondis avec calme: «C'est la volonté du Seigneur, où est ma faute?» Il dit: «N'oubliez pas qu'ils sont dépités par leur incapacité de mettre la main sur vous et c'est pourquoi ils arrêtent toute personne qui est en relation avec vous ou même qui se trouve en possession de votre cassette enregistrée. Il n'y a donc pas de raison de nuire davantage aux gens.» Je lui dis alors: «Mais j'ai reçu de mon Seigneur la promesse de ne pas tomber entre leurs mains; il reste un travail à accomplir pour lequel Dieu veut se servir de moi. Il m'a dit: "Ne crains pas, j'arrangerai toute chose pour toi."»

Il sourit alors avec l'air de penser que je divaguais et me dit: «Je pense que plus vite vous vous livrerez à la police, mieux cela vaudra pour vous.» Je lui répondis: «Il est possible qu'en me livrant à la police, la torture me rende faible et me force à donner le nom des amis qui m'aidaient matériellement et m'accueillaient dans leurs maisons.» Il s'écria alors: «Gare à vous si vous mentionnez quelque nom! Tout le monde sait que vous occupiez un poste supérieur, que vous touchiez un traitement élevé et que vous possédiez une voiture. Dites que vous aviez mis de côté le prix de vente de la voiture et une partie de votre traitement mensuel.» Je lui dis: «Le Seigneur m'a assurée qu'Il m'aiderait dans l'obtention d'une carte d'identité avec un nouveau nom et d'un passeport pour moi et ma fille et qu'Il arrangerait toute chose pour que nous partions à l'étranger.» Il me répondit: «Si vous obtenez un passeport, je suis en mesure de vous procurer un visa d'entrée pour un pays européen.» Je le saluai et m'en allai.

Une seule parole était demeurée dans mon esprit: il pouvait nous obtenir un visa d'entrée pour un pays européen. Je me souvins, sur le champ, de cette conversation et courus au téléphone. Il me répondit lui-même et me fixa un rendez-vous pour que je lui remette les passeports. Mon Dieu bien-aimé, le ciel et la terre passeront et pas une lettre de tes paroles ne passera[3]. J'en suis témoin! J'ai fait l'expérience personnelle de la véracité de tes paroles et de tes promesses. Je Te remercie, mon Dieu. Tu m'as fait Te connaître, T'aimer et mettre en Toi toute ma confiance. Puissé-je T'avoir connu plus tôt. Mais Tu choisis toujours le moment le plus opportun.

Le lendemain matin, nous prîmes l'autobus pour Le Caire. Ô merveille! Le peloton, à la sortie d'Alexandrie, fouille toutes les voitures sauf les autobus. Il ne pense pas que j'aie l'audace de voyager en autobus. Il croit que j'ai encore peur, fuyant d'un endroit à l'autre, cachée dans une voiture, peut-être même dans la malle arrière. Ils ne connaissent pas le sens de cette parole: *si Dieu est avec nous, qui sera contre nous?*[4] Ils n'en saisissent pas la profondeur. Mais, par ta grâce, j'ai su, j'ai vécu, j'ai expérimenté. Je veux crier de toutes mes forces

---

[3] Cf. Matthieu 24,35.

[4] Épitre aux Romains 8,31.

à la face du monde: «Goûtez et voyez comme est bon le Seigneur!»[5]

J'arrivai au Caire, me rendis à l'église en plein jour et remis au prêtre les passeports. Je devais retourner à Alexandrie le jour même et n'avais d'autre moyen de transport que les taxis. Ce sont des voitures qui peuvent recevoir un maximum de sept personnes, mais qu'importe! Tu es avec moi... Ma fille et moi, nous installâmes près du conducteur et je ne cessai, tout au long du voyage, de Te remercier, ô Bien-Aimé. Je fus surprise par le peloton arrêtant notre voiture... ma fille et moi étant à l'avant! L'officier passa la tête par la fenêtre, mais il ne nous regarda pas... Il ne nous vit pas, j'en suis sûre. Il fit signe au conducteur de poursuivre sa route. Gloire à Toi, mon Seigneur, mon Dieu et mon Sauveur, espoir de tout l'univers!

Nous dîmes adieu à l'année 1989 et accueillîmes l'année 1990. Je me suis tenue entre tes mains, ô Tout-Puissant, Te priant et Te remerciant. Les événements de l'année 1989 défilèrent devant mes yeux. Quelle année remplie d'événements, ta droite toute-puissante m'abritant, me protégeant, m'arrachant aux dangers. Béni soit ton saint Nom! Je T'en prie, mon Dieu, fais-moi servir la Gloire de ton Nom. Quelle est l'utilité de mes jours, de ma vie sur terre, si elle n'est pas à Toi, en Toi et avec Toi? Mon Dieu, je suis tout entière désir de Toi. Je

[5] Psaume 34,9.

désire Te voir, quand mettras-Tu fin à mon exil?[6] Je suis une étrangère sur la terre[7], mon Dieu, prends-moi chez Toi...

Mon Dieu qui prends soin de moi plus qu'une mère de son nourrisson[8], où trouverai-je le prix des billets de voyage à l'étranger? Et comment passerai-je, quand ma photo est affichée dans tous les ports et aéoroports? Certes, j'ai un nom nouveau, mais ma photo? Mais je sais parfaitement que ce qui est impossible à l'homme est possible pour Toi[9]. Tu es tout mon espoir. J'ai déposé mon fardeau à tes pieds et je n'oublierai pas cette parole de l'Écriture: «Nous nous abandonnâmes et nous fûmes alors portés»[10]. Ta voix compatissante se fit alors entendre en moi: «Ne crains pas, regarde-moi seulement.» Et j'éprouvai repos et paix. Tu remplis toujours de paix mon coeur et mon âme.

Cette nuit, je vis dans mon sommeil ta main miséricordieuse me tendre et me donner deux billets d'avion. Quand je me réveillai, je me tins debout entre tes mains généreuses, Te rendant grâce, Te glorifiant, Te louant et Te demandant pardon car je demeure faible, je réfléchis avec ma raison humaine bornée. Pardonne-moi, ô mon Dieu bien-aimé.

---

[6] Cf. Deuxième Épître aux Corinthiens 5,6-8.
[7] Cf. Épître aux Hébreux 11,13; Psaume 39,13.
[8] Cf. Isaïe 66,10-13.
[9] Cf. Luc 1,37; Matthieu 19,26.
[10] Nahed mentionne ici Actes 27,15 dans la version arabe (imparfaite) dont elle disposait.

Les jours passèrent. Vint le rendez-vous fixé pour recevoir les passeports. Nous fîmes le voyage Alexandrie-Le Caire en autobus. Le peloton inspectait toujours la route à ma recherche, sans me voir. Je reçus les passeports portant le visa d'entrée dans un pays européen. J'eus la surprise d'entendre "Abouna" me dire: «Vous avez chez moi la somme de trois mille livres [égyptiennes] que m'a envoyée le pasteur d'une autre église qui vous cherchait pour vous la remettre. Il avait appris que vous en aviez besoin. Il dispose aussi de la somme de mille dollars que vous prendrez au moment du départ.» Je lui dis: «Je ne prendrai pas cette somme, car c'est le prix des billets du voyage et j'ai eu la vision de la main de mon Père céleste qui me donnait ces billets. Je vous prie donc de m'acheter vous-même les billets d'avion.» Il accepta; je le remerciai et le saluai et nous nous en allâmes.

Nous avions, encore une fois, à retourner le jour même à Alexandrie et ne pouvions disposer que d'un taxi. Et de la même manière, nous passâmes l'inspection du peloton qui surveillait la sortie du Caire et de celui qui était posté à l'entrée d'Alexandrie. Je Te remercie, mon Dieu compatissant, car Tu as rempli mon coeur de paix et m'as aidée à rejeter loin de moi la crainte.

Avant de me rendre à Alexandrie, j'avais éprouvé le désir de revoir une de mes amies, une chrétienne de grande foi dont le coeur était rempli de la lumière du Christ. Elle m'avait aimée et m'avait ouvert son coeur et son foyer. Au moment où tout le monde s'était, par peur, éloigné de moi, elle s'était rapprochée de moi et m'avait accueillie chez elle pendant plus d'un mois. Elle m'avait entourée de son amour au point que je sentais qu'elle était ma mère; elle avait à mon égard le même sentiment. Son mari était pour moi comme un frère, et ses enfants, comme mes enfants. Accorde-lui, Seigneur, toute bénédiction, garde-la et entoure-la de ta protection. Bénis-la, elle et ses enfants. Je T'ai adressé ma prière, ô Bien-Aimé: irai-je lui rendre visite? Et ta réponse se fit entendre en moi: «Ne crains pas, vas-y.»

Quand elle ouvrit la porte et me trouva, elle me prit dans ses bras avec amour et tendresse et nous eûmes le sentiment de nous aimer en ton Nom, le Saint, le Béni, le Grand. J'ai passé une heure chez elle, sans voir passer le temps. J'eus la surprise d'entendre son frère me dire: «Que pensez-vous de cette idée: ne pas partir du Caire mais d'un autre port, voyager par un autre moyen et ne pas vous rendre directement à votre destination, mais diviser le parcours?»[11] Ses paroles me convainquirent. Je sentais qu'elles étaient un message de ta part, ô Bien-Aimé.

Je comprends maintenant pourquoi j'ai senti cette tendresse qui m'a attirée vers elle et pourquoi ta réponse: «Ne crains pas, vas-y». Tu voulais m'indiquer la route

---

[11] Ce qui est suggéré à Nahed, c'est de se rendre, à partir d'une ville autre que Le Caire, et par mer ou par voie terrestre, dans un pays arabe et, de là, par avion, en Europe.

à suivre pour le voyage. Que Tu es grand, mon Dieu! Que Tu es beau! Je T'aime, mon Dieu. Mon coeur et mon âme jubilent en ton amour... Ma raison et ma pensée sont occupées par Toi... Ah! mon Seigneur! Si tous savaient l'excellence de ton dessein qui dépasse la raison et l'imagination... Non, l'imagination est incapable de T'atteindre, ô Toi qui nourris les oiseaux du ciel[12] et les poissons de la mer et même les vers de terre, sans qu'ils Te le demandent! Quelle doit donc être la mesure de tes dons envers qui T'abandonne sa vie, ses jours, et Te confesse. Mon Dieu, Tu me fais toujours sentir que Tu ne Te préoccupes de personne d'autre que moi sur terre... que je suis ta fille unique, choyée, à qui Tu voues tout amour, toute tendresse, toute protection... Gloire à Toi!

Nous arrivâmes à Alexandrie. Les paroles du frère de mon amie ne cessaient de résonner à mon oreille. Je me prosternai à tes pieds et Te remerciai, mon Dieu bien-aimé et bon. Je Te demandai de faire germer cette même idée dans l'esprit d'Abouna, si ce message venait de Toi, si Tu voulais que je voyage de cette manière.

Deux jours plus tard, je téléphonai à Abouna. Il me dit: «Venez demain avec vos valises, j'ai fait les réservations pour le voyage.» Je partis pour Le Caire le lendemain matin et je fus surprise lorsqu'il me dit: «J'ai entendu comme une voix murmurer dans mon oreille

[12] Cf. Matthieu 6,26-34.

que vous ne partiez pas de l'aéroport du Caire, mais d'ailleurs, en empruntant une autre voie que celle des airs; que vous divisiez l'itinéraire en deux: vous vous rendriez dans un pays autre que celui qui vous accueille, et de là à votre destination finale.» En cet instant, j'eus la certitude que c'était ta voix. Rien d'étonnant à cela: Tu es plus proche de moi que moi-même; car je suis en Toi, je fais partie de Toi: ne sommes-nous pas tous membres de ton Corps bien-aimé?[13] Mon Dieu, qu'elle est belle la vie avec Toi! Tu nous assures le repos, Tu penses pour nous, Tu T'occupes de nos affaires. J'ai reçu les billets de ta main généreuse après que nous eûmes prié.

J'ai fait mes adieux à Abouna et au Caire. Je ne pense pas que je reverrai cette ville. Combien j'ai aimé mon pays, combien j'ai désiré y demeurer, mais que ta volonté, non la mienne, soit faite! Plus d'une fois, je T'ai invoqué, ô mon Dieu bien-aimé, quand la situation en Égypte devenait pour moi intenable... Mon Dieu, comme Tu as fait sortir d'Égypte ton peuple, les enfants d'Israël, fais-nous sortir, ma fille et moi... Et maintenant, je dois prendre le train vers une autre ville d'où je partirai vers l'étranger. Le voyage se fera dimanche prochain. C'est Toi, mon Dieu, qui as choisi pour moi de partir un dimanche et vers ce pays.

Nous arrivâmes dans cette ville. Nous devions y demeurer plusieurs jours avant la date du départ. Le

---

[13] Cf. Première Épître aux Corinthiens 12,27.

temps passa vite. Je me tins debout, Te priant et Te disant comme Moïse au moment de sortir d'Égypte avec ton peuple, les enfants d'Israël: «Si Tu ne marches pas Toi-même avec nous, ne nous fais point partir d'ici.»[14] Ta réponse se fit encore entendre en moi: «Ne crains pas! Je veille sur tes pas.» Je Te dis: «Je Te prie, mon Dieu, marche Toi-même devant moi, Tu dissiperas mon inquiétude.»

Nous appelâmes un taxi, chargeâmes nos bagages et nous dirigeâmes vers le port. Nous y arrivâmes au moment prévu. Portant ma valise, j'entrai au bureau des passeports. Ma fille me suivait. J'étais sur le point de m'écrouler. Pardonne-moi, Seigneur, c'est un instant critique, car j'ai vu ma photo accrochée au bureau[15] de l'officier des passeports...

L'officier prit mon passeport et mon billet, il examina un moment le passeport et me demanda pourquoi j'entreprenais ce voyage. Je lui répondis en tremblant de peur: «Pour me soigner. J'ai des proches, là-bas, je résiderai chez eux.» Il tamponna le passeport et me dit: «Passez.» Ma fille me suivait, elle passa à son tour et nous marchâmes vers l'intérieur. C'était incroya-

---

[14] Exode 33,15.

[15] Les photos des personnes "recherchées" sont accrochées sur le côté du bureau où se trouvent les tiroirs, en sorte que l'officier, assis à son bureau, peut les apercevoir d'un coup d'oeil. Nahed, debout près du bureau, pouvait facilement apercevoir sa photo qui était de grande dimension (environ 30X35 cms) et son visage y était parfaitement reconnaissable.

ble. Mais une minute plus tard, un officier criait mon nom, réclamant mon passeport pour un réexamen... J'entendis les battements de mon coeur couvrir tous les bruits extérieurs... Je m'assis, incapable de me tenir debout, et je T'ai appelé, ô Bien-Aimé: «Mon Dieu, Tu m'a promis que je ne tomberai pas dans leurs mains, et j'ai confiance que Tu accomplis tes promesses, Tu es fidèle... Ô Dieu, viens à mon aide, Seigneur, hâte-Toi de me secourir!» Et ta voix bien-aimée me parvint sur le champ: «Ne crains pas, tu passeras en paix.» Quelques instants plus tard, l'officier vint calmement me remettre le passeport sans dire un seul mot. Gloire à Toi, ô Tout-Puissant!

Quand nous entendîmes l'appel pour le départ, nous courûmes, ma fille et moi, oubliant nos valises. L'important pour nous, à cet instant, était de sortir du port. Nous montâmes et nous assîmes et je pris une profonde respiration; mais avant d'expirer l'air, j'entendis au micro l'appel de notre nom. Je sentis que je m'écroulais complètement... Je ne pus répondre à l'appel, ni me tenir debout. Ma fille alla voir ce qui se passait... Elle apprit la raison de l'appel: nous avions oublié nos valises! Elle les rapporta. Quelques instants passèrent, puis nous partîmes, et nous nous éloignâmes... nous nous éloignâmes... nous nous éloignâmes...

TÉMOIGNAGE MANUSCRIT DE L'AUTEUR

(texte arabe en page 159)

J'ai écrit ces lignes devant Dieu, et Toi, mon Dieu, Tu es témoin que je suis sincère dans chaque mot que j'ai écrit.

Je Te remercie, ô mon Dieu bien-aimé, de m'avoir donné force et secours pour mener à terme cette oeuvre et d'avoir fait de moi ton témoin. Dieu, Tu es mon Dieu, Tu es le même hier, aujourd'hui et demain... Tu es le Chemin, la Vérité et la Vie.

Je témoigne, ô mon Dieu, que ta promesse est vraie et que Tu es fidèle à tes promesses.

Je témoigne, ô mon Dieu, que le ciel et la terre passeront, et pas une lettre de ta parole ne passera.

Je témoigne, ô mon Dieu, que chaque parole de ton Livre Saint est juste et vraie, je l'ai vécue moi-même, j'en ai fait l'expérience.

Mon Dieu, j'ai écrit ces lignes comme Tu m'en as donné l'ordre, mais pardonne-moi, ô mon Dieu bien-aimé, car j'ai dû garder certains faits pour moi, de peur d'être accusée d'exagération.

Mon Dieu, bénis ces lignes et qu'elles deviennent source de bénédiction pour toute personne qui en ferait la lecture ou l'écouterait.

Mon Dieu bien-aimé, ô Toi qui as échangé mon coeur de pierre contre un coeur que Tu connais, touche tous les coeurs afin qu'ils Te connaissent, qu'ils T'aiment et s'abandonnent à Toi, car Tu les as aimés le premier.

J'ai changé au point de me réjouir des tribulations et d'aimer souffrir avec Toi et à cause de Toi. J'ai fait l'expérience des paroles de l'Apôtre Paul: «J'estime que les souffrances du temps présent ne sont pas à comparer à la gloire qui doit se révéler en nous.» [Épître aux Romains 8,18].

«Qui nous séparera de l'amour du Christ? la tribulation, l'angoisse, la persécution, la faim, la nudité, les périls, le glaive? selon le mot de l'Écriture: *À cause de Toi, l'on nous met à mort tout le long du jour; nous avons passé pour des brebis d'abattoir.* Mais en tout cela, nous sommes les grands vainqueurs par Celui qui nous a aimés.» [8,35-37].

Nahed Metwalli

اكتب هذا امام الله ، وانت يا الهى شاهد انى صادقة فى كل كلمة كتبتها
اشكرك يا الهى الحبيب ، انك قويتنى وساعدتنى ان اكمل هذا العمل
وجعلتنى اشهد لك .. الهى انت هو الاله الحى ، انت هو
انت امس واليوم والغد .. انت هو الطريق والحق والحياة
أشهد لك يا الهى ان وعدك حق وانك صادق الوعد أمين
أشهد لك يا الهى ان السماء والارض تزولان وحرف من كلامك لا يزول
أشهد لك يا الهى ان كل كلمة فى كتابك المقدس صدق وحق
لقد عشتها بنفسى وجربتها
الهى لقد كتبت هذا كما امرتنى ولكن سامحنى يا الهى الحبيب وذلك
لأنى اضطررت ان احتفظ ببعض الأشياء لنفسى ، خوفا من ان
يتهمنى احد بالمبالغة
الهى بارك فى هذه الكلمات واجعل منها سبب بركة لكل من
يقرأها أو يسمعها
الهى الحبيب يا من أبدلت قلبى الحجرى بقلب آخر انت اعلم به
المس قلوب الجميع ليعرفوك ويحبوك ويسلموك حياتهم ، لأنك
انت احببتهم جميعا اولا
لقد اصبحت اسر بالضيقات واحببت ان اتألم معك ومن اجلك
وعشت كلمات بولس الرسول " فانى احسب ان الام
الزمان الحاضر لا تقاس بالمجد العتيد ان يستعلن فينا "
" من سيفصلنا عن محبة المسيح أشدة ، ام ضيق ، ام اضطهاد
ام جوع ، ام عرى ، ام خطر ، ام سيف . كما هو مكتوب من اجلك
نمات كل النهار ، قد حسبنا مثل غنم للذبح . ولكننا فى هذه جميعها
يعظم انتصارنا بالذى احبنا "

ناهد متولى

Impression et finition Saint-Paul France S.A.
55000 Bar le Duc
Dépôt légal : octobre 1994
N° 9-94-1143